KLHE *finance*

Über die Autoren

Christopher Klein und Jens Helbig zählen zu den bekanntesten Finan buchautoren Deutschlands. 2011-2013 verfassten sie ihre ersten beide Werke: Das vorliegende Buch »Tag auf Tag im Hamsterrad« und sein Nach folger »Der Hamster verlässt das Rad«. Später folgten weitere Titel: »Nin to five muss nicht sein!« (2017), »Einmal Dividende bitte!« (2017), »Di Faulbär-Strategie zur Million« (2017), »Mit Blockchain zum Krypto-Inve tor« (2018) sowie der Ratgeber zu nachhaltigen Geldanlagen »Ökoethi vesting« (2019). Einige der Werke wurden zu Amazon-Bestsellern und i prominenten Finanzmagazinen empfohlen (zum Beispiel in Focus-Mone 05/2018, Bank & Umwelt 11/2018 oder Cryptoticker 11/2018).

Die Finanzliteratur von Christopher Klein und Jens Helbig untersche det sich grundlegend von anderen Werken. Während deutsche Finan bücher in der Regel trostlos theoretisch oder langweilig neutral sind, i die Motivation von Helbig und Klein der Gegenentwurf. In ihren Bücher erklären sie die wahren Probleme und Herausforderungen unserer Zeit i einfachen Worten und ergänzen diese mit eigenen Erfahrungen, praxisb zogenen Strategien und unmittelbar umsetzbaren Do-It-Yourself-Anleitu gen. Ihr Motto: »Schluss mit langweiligen Finanzschinken!«.

Die Bücher von Klein und Helbig sind erhältlich auf:
www.klhe.de
www.amazon.de/-/e/B00LPWD4VY

Die Autoren sind stets offen für Feedback und Rückfragen. Der intere sierte Leser kann sie per E-Mail an *info@klhe.de* kontaktieren.

Tag auf Tag im Hamsterrad

Wie das Geld- und Wirtschaftssystem funktioniert und uns zu Hamstern macht: Geldsystem verstehen 2.0

7. überarbeitete Auflage

Von Jens M. Helbig & Christopher M. Klein

Bibliografische Information der Deutschen Nationalbibliothek
Die Deutsche Nationalbibliothek verzeichnet diese Publikation in der Deutschen Nationalbibliografie; detaillierte Daten sind im Internet abrufbar über:
http://dnb.dnb.de

Für Fragen und Anregungen:
info@klhe.de

Tag auf Tag im Hamsterrad
7. überarbeitete Auflage, Mai 2020
© by GbR: Christopher Klein & Jens Helbig
ein Imprint der GbR:
Christopher Klein & Jens Helbig
Hortensienstr. 26
40474 Düsseldorf

Cover & Layout: Stefan Valerio Meister – *www.stefanvaleriomeister.de*
Lektorat & Korrektorat: Carola und Friedhelm Klein, Angelika und Thomas Helbig
ISBN-13: 978-3-947061-80-8

Weitere Informationen findest Du hier:
www.klhe.de

Dein Bonus zum Buch

Praxisrelevanz steht in unseren Büchern immer an erster Stelle. Statt langweiliger Theorie erhältst Du von uns praxisorientierte Do-It-Yourself-Strategien, die wir selbst getestet und konzipiert haben und daher mit Überzeugung und guten Gewissens an Dich weitergeben können.

Da uns Deine Entwicklung am Herzen liegt, haben wir jede Menge Bonusmaterial und praktische Tools auf Lager, um Dein finanzielles Wissen auszubauen. Trage Dich unbedingt für unsere kostenlosen Finanz-Updates ein. Neben praktischem Download-Material und tollen Angeboten und Aktionen, erhältst Du etwa einmal pro Woche wichtige Tipps und spannende Praxis-Anleitungen für Deine zeitliche und finanzielle Freiheit – kostenlos.

Trage Dich jetzt unter folgendem Link ein:

www.klhe.de/finance/bonus

Presse- und Kundenstimmen

Redaktion Geld-Magazin Österreich (Ausgabe Mai, 2015):

„Die Vorgänge und Zusammenhänge sind im Dschungel der Finanzwelt für jemanden, der nicht täglich damit zu tun hat, kaum zu verstehen. Die Autoren versuchen daher, dieses Thema mit einfachen Worten und Beispielen auch für Laien verständlich darzustellen. Das ist ihnen gut gelungen."

Matthias Weik & Marc Friedrich (Spiegel-Bestseller Autoren):

„Dieses Buch leistet einen essentiellen und wertvollen Beitrag zur Aufklärung über die Funktionsweise von Geld in unserem Wirtschaftssystem. "

Helmut Creutz (Renomierter Wirtschaftsanalytiker):

„Auch wenn man über einige Punkte streiten kann: Das kleine Buch enthält mehr Informationen und Denkanstöße als mancher dickleibiger Fachwälzer."

Redaktion GHZ (Ausgabe März, 2014):

„Die Autoren [...] haben einen eigenen, interessanten Stil entwickelt, ein eher kompliziertes Sachthema auf eine unterhaltende Weise interessant darzustellen. Das Lesen dieses Buches wird daher jedem politisch und finanzwirtschaftlich Interessierten empfohlen."

Daniel Korth (Finanzblogger und „Finanzrocker"):

„Ich fand die Geschichte wirklich plausibel und jederzeit nachvollziehbar. Da das Buch relativ kurz und kompakt daher kommt, hast Du es auch schnell durchgelesen. Natürlich merkt der Leser, dass da Volkswirte am Werk waren und manchmal klingt es durchaus akademisch (z. B. einige Fachbegriffe), aber das hat mich nur bedingt gestört. Wenn Du Deinen Horizont über Geld und das obskure System dahinter verstehen möchtest, findest Du mit diesem Buch einen idealen Einstieg!"

Conny Jahnke:

„Ich habe das Buch "Tag für Tag im Hamsterrad" verschlungen. Es war wahnsinnig interessant, sehr gut geschrieben und ich war erstaunt, wie vieles ich im Vorfeld nicht wusste oder mir noch nie ernsthaft Gedanken darüber gemacht hatte. So manches sehe ich jetzt mit ganz anderen Augen. Die Lektüre des 2. Buches " Der Hamster verlässt das Rad" vermittelte mir wertvolle Tipps und Anregungen, um mein Leben und Handeln im Sinn der neu gewonnenen Erkenntnisse zu verändern. Vielen Dank !"

4.7 von 5 Sternen bei Amazon (02/2019). Kundenstimmen:

„[...]Empfehlenswert ist das Buch für jeden, egal ob jung oder alt, Akademiker oder Nicht-Akademiker. Insbesondere zu empfehlen für Wirtschaftsstudenten aller Fachrichtungen, da die Funktionsweise des Geldsystems im Studium NICHT erwähnt (ich spreche aus eigener Erfahrung) wird und ein großer Bogen darum gemacht wird. Ich wage sogar zu behaupten, dass dieses Buch in der Grundschule PFLICHTLEKTÜRE sein soll. Die Autoren haben für dieses Werk eine herausragende Arbeit geleistet."

Christoph Schoppel

„Dieses Buch ist, wie auch schon das Buch über die „Dividendenstrategie", sehr gut geschrieben und ich konnte es flüssig lesen mit vielen Informationen. Dabei wird verdeutlicht, wie „krank" das Geldsystem ist. Werde definitiv das nächste Buch lesen, wie man das Hamsterrad verlässt.[...]"

Amazon Kunde

„Ich habe das Buch gelesen, weil mich interessiert hat wie unser Geldsystem aufgebaut ist. Beim Lesen habe ich immer wieder gedacht, dass ich kein Sachbuch, sondern einen Wirtschaftskrimi in den Händen halte. Ich bin beunruhigt ob der Beliebigkeit des Systems und den Personen im Hintergrund die die Fäden ziehen. Insgesamt eine sehr gute Erfahrung die mich zum Umdenken in meiner Art der Altersvorsorge angeregt hat."

O. Moeller

Unser Dank geht an unsere
Familien und Freunde, ohne die dieses
Buch bestimmt niemals entstanden wäre.

»Unser Geld bedingt den Kapitalismus, den Zins, die Massenarmut, die Revolte und schließlich den Bürgerkrieg, der zur Barbarei zurückführt. Wer es vorzieht, seinen eigenen Kopf etwas anzustrengen statt fremde Köpfe einzuschlagen, der studiere das Geldwesen.«

Silvio Gesell (1862–1930)

Inhaltsverzeichnis

Legende

%	Zinsen
§	Staat
TAX	Steuern
MR	Mindestreserve
Ⓩ	Zins
Ⓣ	Tilgung
Ⓢ	Sicherheiten
	Gold und Silber

Vorwort

»Alle Menschen, ungeachtet ihrer Rasse, ihres Glaubens und ihres Geschlechts, haben das Recht, materiellen Wohlstand und geistige Entwicklung in Freiheit und Würde, in wirtschaftlicher Sicherheit und unter gleich günstigen Bedingungen zu erstreben.«

(Erklärung von Philadelphia, ILO, 1944)

Mittlerweile sind seit der ersten Veröffentlichung von Tag auf Tag im Hamsterrad über sechs Jahre vergangen. Es freut uns noch immer sehr, zu sehen, wie viele an den tieferen Ursachen der Geld- und Finanzkrise interessierten Menschen es doch gibt. Das konstant positive Feedback und zahlreiche Leserzuschriften haben uns im Laufe der Jahre dazu ermutigt, weitere Bücher zu verschiedenen Finanzthemen zu schreiben sowie diese aktuelle Auflag noch einmal komplett zu überarbeiten.

Wir sind davon überzeugt, dass das Thema »Geldsystem verstehen« heute wichtiger ist denn je. Schließlich stehen wir vor umwälzenden Veränderungen in allen sozialen, ökologischen und ökonomischen Sektoren. Einige dieser Veränderungen sind bereits in vollem Gange. Das zeigt sich nicht zuletzt durch immer häufiger werdende, schwerwiegende Ereignisse in diesen Bereichen. Genau deshalb müssen wir jetzt gemeinsam darüber sprechen und aktiv werden.

Wir scheinen von einer digitalen Welt völlig in Beschlag genommen und lethargisch gemacht worden zu sein und nicht mehr zu realisieren, wie wir mit Karacho einer Endzeit zurasen. Dieses düstere Szenario wird beim Blick in ein politisches Universum - das sich gänzlich den großen Konzernen und insbesondere den Privatbanken ergeben hat - keineswegs gemildert. Die Politik lässt sich an der Nase im Kreise herumführen - national wie international. Mit Treibstoff wird sie durch den Geldhahn der Hochf nanz versorgt.

Um diese Abhängigkeit zu beenden, müssen die Menschen aufwache Sie müssen das System, das sie gefangen hält, durchschauen, um ausbr chen zu können. Das Motto muss somit sein:

»Nur wer seinen Feind - das System - versteht,
kann ihm auf friedliche Weise besiegen«.

Es ist also mehr als eilig und wichtig diese Informationen in die We zu tragen. Das uns umgebende System ist nämlich perfekt konstruiert, ein wachsende Ungleichheit zu generieren. Es funktioniert wie das Brettspi „Monopoly" - dem Musterbeispiel des Turbokapitalismus. Am Ende de Spiels besitzen auch im vorherrschenden System nur einige Wenige od gar nur ein einziger Mensch, die gesamte Welt.

Wir sind an einem Scheideweg angelangt. Wenn wir so weitermache wie bisher, steht bereits unsere Generation gewaltigen Veränderunge in den ökologischen, sozialen und ökonomischen Bereichen gegenübe Kommt es dazu, scheint eine gewaltfreie Lösung so gut wie ausgeschlo sen. Die wenigen Superreichen werden sich in zunehmendem Maße vo der breiten Masse distanzieren. Sie werden sich hinter hohen Zäunen ve schanzen und zusehen, wie der Rest der Welt um das Überleben kämpft. A vielen Orten der Welt ist dies bereits heute traurige Realität.

Es ist an der Zeit die Menschen aufzuwecken. Wir müssen verstehe dass es nicht böse Menschen sind, die uns an der Nase herumführen, so dern das System selbst. Einige wenige Profiteure haben es lediglich durc schaut und wissen es klug für sich zu nutzen!

Nur so können wir gemeinsam ein System des Zusammenlebens un des Wirtschaftens entwickeln, das auf ein Miteinander statt auf ein Gege einander baut und für alle eine friedliche und gerechte Zukunft ermöglich

Einleitung

Banken, Banker, Broker, der Profit, die Schulden-, Banken- und Finan
krise – der Turbokapitalismus. Diese Wörter sind heutzutage zum Inbegri
von Gier und Maßlosigkeit geworden. Während die meisten Mitmensche
davon aufgebracht sind, lachen sich andere im selben Augenblick ins Fäus
chen. Woran liegt das und sind diese Vorbehalte überhaupt berechtigt?
Das große Geheimnis ist jedoch, dass jeder sofort damit anfangen kan
Vermögen zu bilden. Oftmals sabotieren wir uns aber selbst und finde
Ausreden dafür, es eben doch nicht zu tun, beziehungsweise diesen Geda
kengang noch nicht einmal zu Ende zu denken:

Woher resultiert die Diskrepanz zwischen Arm und Reich? Waru
klafft die Vermögensschere immer weiter auseinander? Wieso besitzen i
Deutschland die oberen zehn Prozent der Bevölkerung drei Viertel und da
reichste Prozent davon sogar mehr als ein Viertel des gesamtdeutsche
Vermögens? Warum ist das Vermögen derart ungleich verteilt, dass wäh
rend die Zahl der Milliardäre stetig steigt (Stand Januar 2018: Über 2.04
Milliardäre!), gleichzeitig knapp ein Viertel der Weltbevölkerung von wen
ger als zwei US-Dollar am Tag in Armut lebt und Hunger leidet? Wie kan
es sein, dass (Stand 2017) die 42 reichsten Menschen so viel Vermöge
besitzen, wie 50 % der gesamten Menschheit?

Auf der kurvenreichen Reise durch den Dschungel der Finanzwelt bl
cken nur noch wenige durch. Arbeit, Ausbildung, Arzttermine, Schul
Studium, Social Media, Fitnessstudio und Fernseher halten uns im Allta
so beschäftigt, dass uns zunehmend die Zeit zum Nach- und Mitdenke

abhandenkommt. Franklin D. Roosevelt bemerkte schon vor vielen Jahren:

*»Nie zuvor hatten wir so wenig Zeit,
um so viel zu tun.«*

Indes blockieren wir unangenehme Themen und schotten uns vor ihnen ab. Schließlich scheinen wir Wichtigeres zu tun zu haben – das reden wir uns zumindest ein. Diese Abwehrhaltung ist zwar verständlich, aber sie birgt Gefahren: Weil eine ergebnisoffene, unverblümte und tolerante öffentliche Debatte fehlt, wird das Spiel weiterhin denjenigen überlassen, die uns offensichtlich in die Misere gebracht haben.

Zum anderen fehlen Anreize, nach neuen Wegen und Lösungen zu forschen - man versucht vielmehr, den Status quo solange wie möglich zu halten. Die persönliche Vorbereitung auf eine mögliche Krise kommt ebenfalls zu kurz. Außerdem berauben exzessive Schuldenstände heutigen und künftigen Generationen ihre Existenzgrundlage. Die weit verbreitete lethargische Grundeinstellung, das meiste erledige sich mit der Zeit ohnehin von selbst, solange man nur genug Zeit verstreichen ließe, ist derweil völlig unangebracht.

Wir wollen der ungleichen Informationsverteilung entgegenwirken und mit diesem Buch das Interesse für spannende finanzwirtschaftliche und geldsystematische Zusammenhänge und Verquickungen entfachen. Das soll mindestens zweierlei Zielen dienen. Erstens versteht durch die Lektüre jung wie alt Hintergründe und Auslöser der Schulden- und Bankenkrise. Damit kann man künftig gelassener auf die Nachrichten reagieren, weil man weiß, weshalb die Krisen derartige Auswüchse angenommen haben. Zweitens ist ein grundlegendes Verständnis der finanzsystematischen und -wirtschaftlichen Funktionsweisen auch für die eigene finanzielle Situation hilfreich. Gemäß dem italienischen Dichter und Philosophen Dante Alighieri stößt man den Wandel vielleicht sogar höchstselbst an.

*»Der eine wartet, dass die Zeit sich wandelt,
der andere packt sie kräftig an und handelt.«*

Auf jeden Fall wird man am Ende des Buches Abläufe, die weitgehen unbekannt sind, durchblicken und bewusster wahrnehmen. Man erkenr Unzulänglichkeiten unseres Finanzsystems und ein eingefahrenes Weltbil wird den Weg für freie, neue und unabhängige Gedanken ebnen.

»Man flucht über die Börse. Man nennt sie einen Giftbaum.
Und niemand sieht ein, dass das Geld, das Goldene Kalb,
der wirkliche Giftbaum ist. Die ewige Verwechslung
der Wirkung mit der Ursache wird auch hier nicht erkannt.«

So beschrieb Silvio Gesell, ein Geldtheoretiker, der die Schattense ten des Geldwesens wie kaum ein anderer durchblickte, in seinem Buc »Reichtum und Armut gehören nicht in einen geordneten Staat«, bereit vor über 150 Jahren ein kränkelndes System. Schon damals scheine sowohl Politik als auch ihre Kontrahenten – die sich mit Fug und Recl gegen einen völlig aus den Fugen geratenen Finanzmarktkapitalismus ste len (z. B. Attac oder Occupy) – Äpfel mit Birnen verwechselt zu haben.

Im Laufe der Lektüre dieses Buches wird offensichtlich, dass die Pr blematik des heutigen Finanz- und Wirtschaftssystems nicht - wie häufi einfach plakativ behauptet - an einigen abgehobenen und durchgedrehte Bankern festgemacht werden kann. Vielmehr liegt der Hund nach wie vc in einer dem Geldsystem implementierten, absurden Machtstruktur begra ben. Dieses System kombiniert mit einer auf Wettbewerb gepolten Wir schaftsordnung - in der einer gegen den anderen kämpfen muss - sind ex reme Disparitäten vorprogrammiert. Es nur dann einen Gewinner gebei wenn ein anderer verliert. Der Verlierer ist dabei nicht zwingend ei Mensch - sondern zunehmend unsere zerstörte Ökosphäre.

Das jedoch könnte das Ende der Welt bedeuten!

Währungsgeschichte

»Jede Währung lebt vom Vertrauen.«

CARL-LUDWIG THIELE

»Früher war alles besser!« Wer kennt diesen Spruch aus dem Volks mund nicht? Leider nimmt das Interesse für die Geschichte unseres Plane ten trotz, oder gerade wegen der rasanten technologischen Entwicklung Reiz- und Informationsflut, stetig ab. In einer multimedialen Simultanwel ist die akribische Beschäftigung mit nur einem einzigen Thema kaum noc möglich. Glücklicherweise liegen aber gerade in der Vergangenheit viel Hinweise und Lösungen für eine Vielzahl heute vorherrschender Problem verborgen. Das trifft insbesondere auf die Finanzwelt zu.

Wir haben uns derart an die heutigen Zahlungsmittel, dem Papier- un mehr und mehr dem Giralgeld gewöhnt, dass die Tauschmedien der Ver gangenheit kaum noch vorstellbar sind. Aus menschheitsgeschichtliche Sicht aber dauert die Existenz des Geldes, in dessen heutiger Form, nich einmal ein kurzes Augenzwinkern.

Eine wesentliche Grundlage für das Verständnis unseres heutige Finanz- und Geldsystems – und dessen Problematiken – liegt in der his torischen Entwicklung. Sobald man nämlich die Vergangenheit ver steht, erschließt sich einem die Gegenwart, als fielen die Schuppen vo den Augen. Deshalb stellen wir den konkreteren Untersuchungen eine geschichtlichen Überblick über die vielfältigen Währungen der Mensch heitsgeschichte voran.

Vom Jäger und Sammler zum hoch beschleunigten, mobilen, digitalen Weltmenschen, der die »Performance« jagt und Geld, beziehungsweise Assets, sammelt.

Tauschmittelgeschäft

Den Grundstein der Entwicklung zum heutigen hochkomplexen Geldsystem legte vor tausenden Jahren der Tausch von Waren und Dienstleistungen. Durch den Austausch von Waren gewährleisteten bereits Urvölker und frühe Hochkulturen den Anstieg ihres Lebensstandards. Ursprünglich waren die Menschen lediglich damit beschäftigt ihre Grundbedürfnisse zu befriedigen und Kinder groß zu ziehen (daher lag die Arbeitszeit damals bei ca. drei Stunden täglich!). Da dies in Familienclans jedoch wenig effektiv war, bildeten sich, zur gegenseitigen Unterstützung und zum eigenen Schutz, Dorfgemeinschaften.

Die Einwohner besaßen verschiedene Fähigkeiten. Der Bäcker buk Brot. Der Fischer fischte und der Bauer molk Kühe und pflanzte den Weizen. Der Jäger jagte mit den Pfeilspitzen des Schmieds.

Der Spezialisierungsgrad der Arbeit war gering, das Angebot an Produkten begrenzt. Insbesondere Weizen und Vieh bestimmten den Wert der Waren, die getauscht wurden. Ebenso wichtig waren Holz, Salz und viele weitere Güter, die zur Befriedigung der Grundbedürfnisse von Bedeutung waren. Durch den Tausch der selbst produzierten Produkte konnten die Menschen überleben. In dieser sogenannten Naturalwirtschaft wurde das Tauschverhältnis gemäß Angebot und Nachfrage verhandelt. Trotzdem ergaben sich, wegen der abweichenden Beschaffenheit der Produkte, Probleme. (Siehe Abb. 1)

Wollte beispielsweise der Hufschmied einen Fisch erwerben, musste er sich einen Fischer suchen, der gerade Bedarf an Hufeisen für sein Pferd hatte. Wollte der Bäcker Brot tauschen, musste er beispielsweise 20 Brote für ein Hufeisen des Schmieds aufbringen. Doch was machte der Schmied mit 20 Broten? Diese musste er nun weitertauschen, um zu gewährleisten, dass sie nicht verdarben. Dieser Prozess war langwierig und anstrengend.

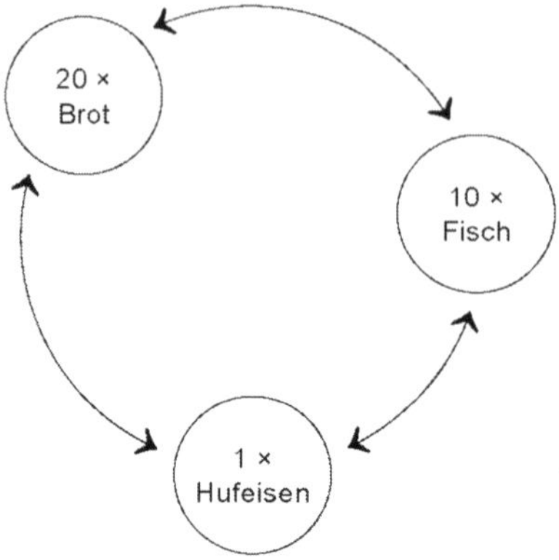

Abbildung 1: Einfacher Tauschhandel

Um den Handel und Austausch der Waren zu erleichtern, und über lär gere Entfernungen zu garantieren, kristallisierten sich einfache, wertha tige Tauschgegenstände heraus. Das sogenannte Warengeld bestand au Fellen, Kaurischnecken, Federn, Salz oder anderen Gegenständen, die sic durch einen besonderen Nutzen auszeichneten. Außerdem konnten sie gu gehandelt werden, da sie die Eigenschaft besaßen, nicht oder kaum zu ve derben. Eine Frühform des Münzgeldes hat sogar bis heute überlebt - da Steingeld Rai auf der pazifischen Inselgruppe in Yap. Das Steingeld beste aus Steinscheiben unterschiedlicher Größe mit einem Loch in der Mitte.

Im Laufe der Zeit und in den meisten Teilen der Welt wurden jedoc Edelmetalle und Münzgeld - vor allem in Form von Bronze, Silber und Gol - immer beliebter.

Edelmetalle

In den folgenden Jahrhunderten lösten Edelmetalle und Edelsteine Güter als vorherrschendes Tauschmittel ab. Vor allem Gold und Silber haben sich durch die Schmuck-Manufaktur seit Urzeiten als wertvolle Güter in unsere Wahrnehmung eingebrannt. Zudem waren sie einfacher zu transportieren und erheblich flexibler einsetzbar. Edelmetalle besitzen drei essenzielle Eigenschaften:

- Sie sind unbegrenzt haltbar, sie rosten und korrodieren nicht.
- Sie sind leicht zu verarbeiten und verformbar.
- Sie sind, wie alle Edelmetalle und Seltenen Erden, nicht beliebig vermehrbar. Das bedeutet, eine industrielle Herstellung ist unmöglich.

Edelmetalle ermöglichten es den frühen Kulturen, den Handel mit anderen Teilen der Welt zu vereinfachen. Steuern und Abgaben an den Lehnsherren oder Machthaber mussten fortan in Münzform getätigt werden. Diese konnten dadurch ihren Reichtum ohne Speicher „speichern" und exklusive Produkte aus Übersee importieren und verkonsumieren. Theoretisch war somit auch der einfache Bauer im Rahmen dieses Fortschritts in der Lage, eine breite Produkt- und Dienstleistungspalette nachzufragen.

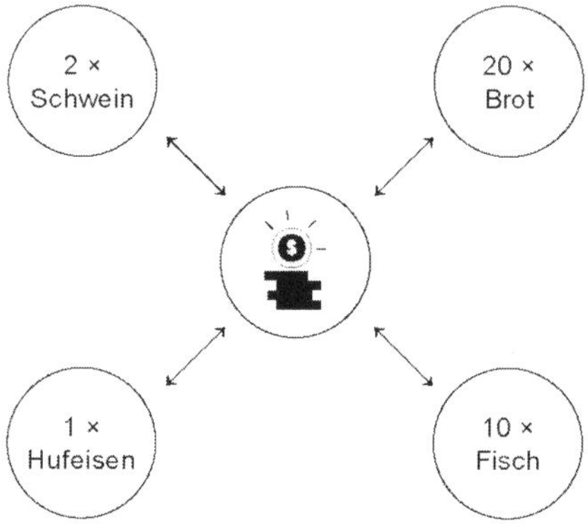

Abbildung 2: Vereinfachter Tauschhandel durch Gold und Silber als Tauschmedium.

Man könnte dies als den Frühbeginn der Globalisierung bezeichne
Als Wertmesser wurde nicht die Form, sondern das Gewicht und der Rei
heitsgrad des Metalls herangezogen. Das ständige Wiegen und Prüfen a
Echtheit waren auf Dauer jedoch zu umständlich und erschwerten es Ha
del zu treiben. Somit begannen die Lyder, unter dem berühmten König Kr
sus, schon ca. 600 Jahre v. Chr. damit, standardisierte Scheiben aus Gold-Si
ber-Legierungen zu gießen. Spätestens durch Aufbringen von Motiven a
diesem Münzgeld garantierte man dann auch die Echtheit der Prägung.

Schnell fand diese neue Art des Tauschmediums Anklang und verbre
tete sich rasch in ganz Europa. Im Mittelalter wurde durch die Einführun
des Münzprägerechts dann der Weg für nationale Währungen geebne
Zwar waren es zunächst noch die Kaufleute persönlich, die Gold und Silb
münzten – später jedoch übernahm der Staat, mit der Maßgabe die Meng
streng zu kontrollieren, das Münzprägerecht.

Gold und Silber waren schließlich diejenigen Edelmetalle, die sich z
Münzherstellung durchsetzen sollten. Für die Ermittlung des Wertes d
Münze waren weiterhin Gewicht und Edelmetallgehalt ausschlaggeben
Dies gewährleistete die Messbarkeit und das endliche Angebot die St
bilität der Währung. Die Reinheit der Münze wurde jedoch im Zeitve
lauf von den Herausgebern immer wieder manipuliert. Andere, wenig
reine Metalle, wurden beigemischt. So konnten mit der gleichen Edelm
tallmenge mehr Münzen produziert und mehr Leistung verlangt werde
Das paradoxe Phänomen, durch das Aufbringen einer gewissen Prägun
den Wert der Münze zu steigern, obwohl die Reinheit der Metalle zugleic
abnahm, machte Schule. Die Bevölkerung wusste davon nichts.

Später sollte die Einführung von Bronze- und Kupfermünzen das Gel
system noch einmal revolutionieren. Schließlich handelte es sich nic
mehr um Edelmetalle, sondern Basismetalle. Der Wert wurde infolgede
sen ausschließlich vom Staat vorgegeben. Das Vertrauen in die Währun
übernahm den entscheidenden Stellenwert und löste den wahren Geha
beziehungsweise intrinsischen Wert als Messmittel ab.

Schuldscheine

Auf Dauer war es jedoch sehr anstrengend und umständlich die schweren Metalle und Münzen ständig mit sich führen zu müssen. Außerdem war man Räubern hoffnungslos ausgeliefert. Damit der Tausch noch einfacher vonstattengehen konnte und um sich vor Diebstahl zu schützen, fluteten schon bald erste Versprechungen auf Edelmetalle den Markt – sogenannte Schuldscheine.

Gold und Silber konnten ab dem 16. Jahrhundert bei Goldschmieden und später in speziellen Banken gelagert und gegen Vorlage der Papierscheine eingetauscht werden (Siehe Abb. 3). Schon sehr bald wurden die Zettel mit den Versprechungen selbst zum Tauschmittel und frei gehandelt – das Papiergeld war geboren! Nicht selten vermehrten sich die Zettel inflationär – beinahe wie von Zauberhand. Bereits damals kündigten sich erste Formen – gerade dem Sparer schadender – Geldentwertung an.

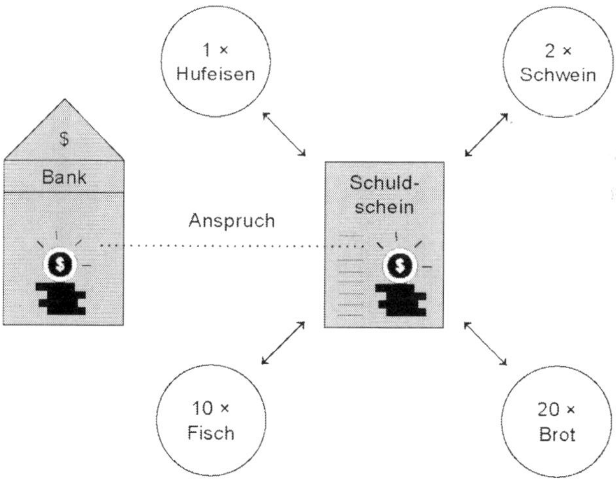

Abbildung 3: Mit der Einführung der Schuldscheine bestand nur noch ein Anspruch auf Gold, das bei Banken gelagert wurde.

Das lag daran, dass Banken bereits damals auf eine »geniale« Ide kamen. Sie konnten beobachten, dass nur ein Bruchteil der Kaufleute un Händler die Schuldscheine tatsächlich wieder in Gold zurücktauschte. Di meisten reichten den Schuldschein einfach weiter, ohne ihn je in Gold ode Silber zurückgetauscht zu haben. Daher gaben die Goldschmiede, bezie hungsweise Banken, für ein gelagertes Gold- oder Silberstück weitere nicht gedeckte, Schuldscheine per Kredit in Umlauf. So vermehrte sich di Zahl der Schuldscheine, ohne dass die Nutzer davon Kenntnis erlangten.

Das konnte natürlich immer nur so lange gut gehen, wie keiner de Schwindel bemerkte und viele Schuldschein-Besitzer plötzlich auf einma die Scheine in Gold zurücktauschen wollten (Siehe Abb. 4). Sonst wäre de Herausgeber sofort in große Auszahlungsschwierigkeiten gekommen, wa durchaus tödlich für ihn enden konnte.

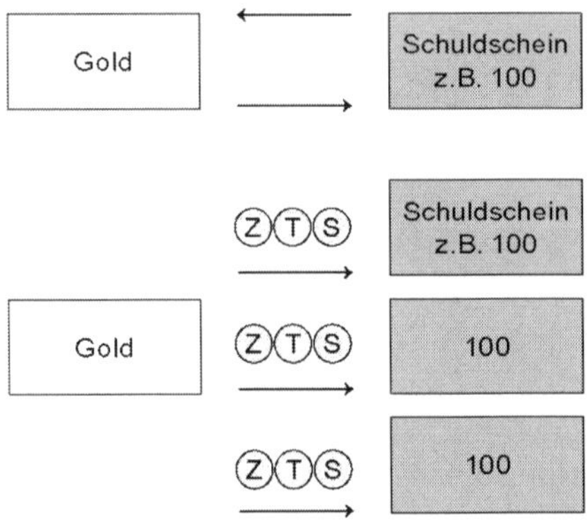

Abbildung 4: Wechselseitiger Eintausch von Gold und Schuldscheinen. Später erfolgte die Ausgabe von Schuldscheinen in der Höhe eines Vielfachen der Goldreserven durch Kreditvergabe mit den drei Eigenschaften Zins, Tilgung und Sicherheiten.

Diese Entwicklung ist deshalb erwähnenswert, weil sie starke Para lelen zur Jetzt-Zeit des Mindestreservesystems (Fractional Banking) au weist, auf das wir später zu sprechen kommen. Um die Stabilität der Wäh rung und damit der Preise zu gewährleisten, verständigte man sich au einen fixen Gegenwert von Schuldscheinen zu Gold.

Pionierarbeit in Sachen Papiergeld leistete übrigens China. Erste Vorkommnisse datieren dort sogar auf 2.500 Jahre vor Christus zurück. Man ist sich relativ sicher, dass China das erste Land war, das offiziell eine Papiergeldwährung einführte. Man weiß beispielsweise, dass in der westchinesischen Stadt Chengdu seitens der Song-Dynastie bereits im Jahre 1024 – zur Kriegsfinanzierung – vom Staat Papiergeld geschaffen wurde. Diese übermäßige Papiergeldproduktion – die immer wieder an der Deckung scheiterte – sorgte somit im früheren China bereits häufiger zu Inflationen. Die ersten noch existierenden Papiergeldscheine datieren zurück auf die Ming Dynastie. Auf den Noten versicherte man den Besitzern schriftlich, dass sie jederzeit in Edelmetallmünzen umgetauscht werden könnten.

Im Westen war es der große Marco Polo, der aus seinen Reisen nach Fernost schließlich als erster Abendländer vom Papiergeld berichten. Datierungen deuten auf das Jahr 1276 hin. Von einem Staat wurde Papiergeld jedoch als erstes 1483 in Spanien eingeführt. In den Niederlanden spricht man vom Jahr 1609 und in England vom Jahr 1694 während es schlussendlich im Jahr 1705 auch in Deutschland (Köln) eingeführt wurde. Geschichtlich betrachtet ist das Papiergeld in Europa also ein noch relativ junges Phänomen.

Das Papiergeld war jedoch immer – zumindest offiziell – mit Edelmetallen desselben Gegenwertes hinterlegt und gedeckt. Man konnte diese „Geldanspruchsscheine" (damals auch Banknoten oder Bankzettel genannt) somit jederzeit bei einer Bank gegen den Wert Edelmetall eintauschen. Da der Handel mit Papier aber deutlich einfacher war, als mit schweren Edelmetallen, zirkulierten die Ansprüche schon bald frei in der Wirtschaft.

Goldstandard und die Entstehung von Fiatgeld

Nachdem sich Gold und Silber als Zahlungsmittel bewährt hatten, un als Konsequenz der Entwicklung der Schuldscheine als eigenes Tauschme dium, wurden Gold und Silber ab dem 19. Jahrhundert als feste Gegen werte für das neu geschaffene Papiergeld benutzt. Die Scheine konnte also ganz offiziell und losgelöst von Gold für Zahlungen verwendet we den. Schon damals versuchten Staaten, zu verhindern, dass private Golc schmiede Papiergeld ausstellten und ihren Gegenwert bei sich aufbewah ten, um möglichem Betrug vorzubeugen.

Schließlich wurde das Recht für die Ausgabe (Emission) von Papie geld, die sogenannte Geldschöpfung, einzig und allein – so dachte ma wenigstens – dem Staat zugestanden. Innerhalb des Goldstandards konnt ein Land nur so viel Geld im Umlauf haben, wie Gold in seinen Tresore existierte. In der Folge waren auch die Wechselkurse zueinander festgeleg weil das Gold die universale Maßeinheit war. Somit konnte man damal theoretisch unmöglich mehr Geld produzieren, um damit z. B. die Wir schaft anzuheizen. Weniger Gold bedeutete weniger Geld und weniger Gel weniger Kaufkraft und Wohlstand.

Großbritannien hatte zu Kolonialzeiten den weltumspannend größte Zugriff auf Edelmetalle und war damit Vorreiter des Goldstandards. Das la vor allem daran, weil Indien Kolonie Großbritanniens war. Somit kontro lierten die angelsächsischen Länder damals 90 Prozent der Goldprodul tion und -reserven. Großbritannien setzte fest, dass britisches Papiergel ausschließlich durch Gold, und nicht mehr auch durch Silber, gedeckt wa Das bedeutete, dass für ausgegebenes Papier- und (Kupfer-, also Basisme tall-) Münzgeld der gleiche Gegenwert in Gold bei den damaligen Banke hinterlegt sein sollte.

Man konnte also theoretisch jeden beliebigen Tag sein Papiergeld be Banken in Gold umtauschen. Schließlich einigte man sich (oder „wurd geeinigt") auch über die Landesgrenzen hinweg auf Gold als Gegenwe für Papiergeld. Die inflationäre Entwicklung der Schuldscheine glich eine

Blaupause und sollte sich auch beim Papiergeld wiederholten.

Mittels nicht durch Gold gedeckter Kreditvergabe war ein immer geringerer Teil des umlaufenden Geldes mit einem physischen Gegenwert (Edelmetallen) gedeckt. Heute spricht man auch von der Entwicklung hin zu einer Goldkernwährung – da nur noch ein kleiner Kern der gesamten Geldmenge tatsächlich durch Gold „abgesichert" war (Siehe Abb. 5).

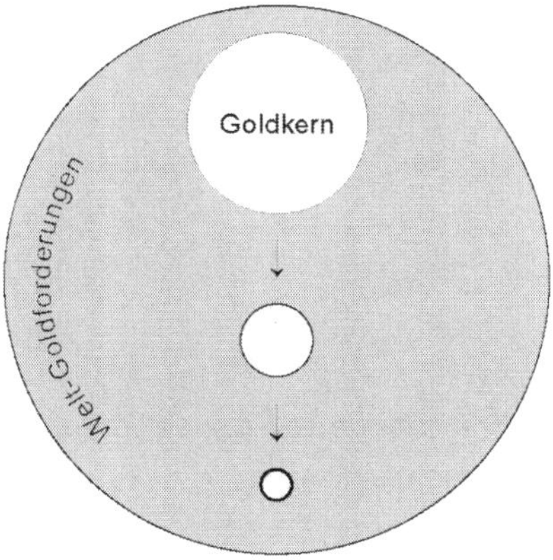

Abbildung 5: Die Zunahme der Welt-Goldforderungen führte zu einem immer dramatischeren Schrumpfen des Goldkerns.

Der Kern, die Goldmenge, wurde mit wachsender Geldmenge zunehmend kleiner. Dieses System hielt trotzdem relativ lange, vor allem aus zwei Gründen. Zum einen war es für die Verleiher von Geld (Gläubiger) attraktiv, einen Zins für das verliehene Geld zu verlangen. Dies hatte die Konsequenz, dass gerne mehr Papiergeld verliehen wurde, als physisches Gold vorhanden war. Der Zins wird bis zum heutigen Tage beim Verleih des Geldes nicht miterschaffen und muss vom Leihenden (Schuldner) zusätzlich zu dem geliehenen Geld erwirtschaftet werden.

Zum anderen waren und sind insbesondere kriegerische Auseinandersetzungen extrem kostenintensiv. Dadurch war von Zeit zu Zeit ein deutlicher Anstieg der Geldmenge seitens der Staaten erforderlich, um die Kriege – quasi mit der Geldpresse – zu finanzieren.

1944, kurz vor Ende des Zweiten Weltkrieges, wurde der international Goldstandard dann durch das berühmte »Bretton Woods-System« abgelös Dieses System schrieb feste Wechselkurse nahezu aller weltweit existie renden Währungen mit dem US-Dollar als Leitwährung vor. Das heißt, das alle beteiligten Währungen stets das gleiche feste Umtauschverhältnis zur US-Dollar verzeichneten. Im Gegensatz dazu handeln die Devisenmärkt heute bis zur vierten Stelle nach dem Komma!

Es gibt eine Reihe von Gefahren und Problemen fester Wechselkurs die wir hier nur leicht anreißen möchten, da sie alleine ein weiteres Buc füllen könnten. Erst das System von »Bretton Woods« eröffnete den US mittels des US-Dollar (USD) die Möglichkeit, eigene Schulden – denn nicht anderes ist Geld – durch das exzessive Drucken von Banknoten in die We zu exportieren. Dies beruht auf der Tatsache, dass US-Dollar als Leit- un Reservewährung akzeptiert und nachgefragt werden mussten.

Zudem war es - im Rahmen des Systems fester Wechselkurse - durc die Überbewertung des US-Dollar möglich, im Ausland mehr Gegenleis tung als angemessen zu verlangen. Wer seine Geldmenge nicht in gleicher Maße wie die amerikanische Notenbank (Fed) erhöhte, dessen Währun war durch den festen Wechselkurs gegenüber dem US-Dollar automatisc unterbewertet. Es liegt nahe, dass insbesondere in Zeiten des Wiederau baus dieses falsche Verhältnis stark ausgenutzt wurde, um überproportic nal günstig in Europa zu investieren.

Mit seiner künstlich unterbewerteten Währung Renminbi konnte i China innerhalb der letzten Jahre die umgekehrte Situation beobachte werden: Durch die Unterbewertung erzielt China zum einen zwar viel Wettbewerbsvorteile, doch zum anderen sind ausländische Güter un Dienstleistungen für die Chinesen teurer, als sie sein müssten.

Der US-Dollar musste damals jedoch von den teilnehmenden Zentra banken weiterhin mit physischem Gold als Gegenwert hinterlegt sein. Die ses wurde »zur Sicherheit« in den USA aufbewahrt. Das Umtauschverhält nis wurde auf 35 USD für eine Unze Gold, ca. 31,1 Gramm, festgelegt. Ma wähnte die Welt in der Gewissheit, alle nationalen Währungen seien we terhin, zumindest indirekt, mit Gold hinterlegt. Diese geschichtliche En wicklung macht den US-Dollar bis zum heutigen Tage zur Weltleitwährung.

Die Lagerung und das Risiko übernahm dabei die private Zentralbank der USA, die Federal Reserve, kurz Fed. Natürlich war dieses System unkontrollierbar und es wurden wieder Kredite vergeben, die nicht durch Gold gedeckt waren, indem die Fed immer mehr Dollarnoten druckte. Die Nachfrage nach den Dollarnoten war und ist bis heute durch das außerordentliche Privileg der USA gesichert, US-Dollar weltweit als Reservewährung anerkennen zu müssen (Bretton-Woods). Für die Weltleitwährung kommt unterstützend hinzu, dass Öl - nach wie vor - fast ausschließlich in US-Dollar gehandelt werden kann. In diesem Zusammenhang spricht man auch vom »Pretrodollar«, der einen essentiellen Bestandteil der globalen Dollarnachfrage darstellt.

Zwei parallele Ereignisse sollten dann aber auch dem Bretton-Woods-System ein Ende bereiten. Einerseits stiegen infolge des verheerenden Vietnamkriegs die Rüstungskosten ins Astronomische und die USA benötigten dringend »frisches« Geld, um den Krieg zu finanzieren. Zum anderen wollte der damalige französische Präsident, Charles de Gaulle, 1969 Frankreichs Dollarreserven in Gold einlösen. Er war, was die in der Realität hinterlegten Goldreserven anbetraf, misstrauisch geworden.

Damals hatte diese Entscheidung jedoch denselben Effekt wie heute ein so genannter Bank-Run. Wenn eine Vielzahl der Bankkunden ihr eingezahltes Geld auf einmal zurückverlangt, bekommt eine Bank ernsthafte Probleme, da sie das Geld ihrer Kunden nur zu einem geringen Teil physisch vorrätig hat. Die meisten Banken wären in einem solchen Fall innerhalb eines Tages zahlungsunfähig. Im Fall der USA reichte es schon aus, dass nur ein Kunde, nämlich Frankreich, sein Geld in Gold zurückverlangte, um für einen Auszahlungsstopp vonseiten der Fed zu sorgen. Darum sah sich Präsident Richard Nixon im August 1971 »gezwungen«, den US-Dollar von seinem Gegenwert Gold abzukoppeln und das »Bretton-Woods-System« als für gescheitert zu erklären (Abb. 6).

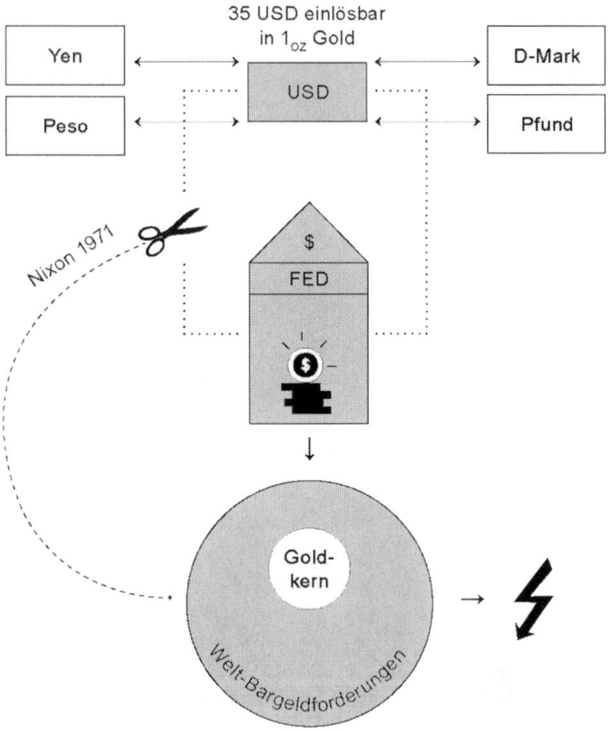

Abbildung 6: Während des Bretton-Woods-Systems waren alle Währungen i US-Dollar eintauschbar. Der US-Dollar wiederum war vermeintlich durch in der amerikanischen Zentralbank eingelagertes Gold gesichert. Als der Goldkern auf ein Minimum zusammenschmolz, erklärte Nixon das Ende von Bretton-Woods. Er schnitt somit das Geld von der Absicherung durch Edelmetalle ab.

Die weitreichenden Auswirkungen waren Präsident Nixon damal bestimmt nicht bewusst. Im Endeffekt erteilte er Zentral- und Geschäft banken auf der ganzen Welt die Erlaubnis, unbegrenzt Geld aus dem Nicht zu schöpfen – die Deckung, wenngleich sie ohnehin nur noch durch eine Bruchteil (Kern) vorhanden war, ging gänzlich verloren. Der neue Begri Fiatgeld, aus dem Lateinischen bezeichnenderweise mit »es sei« zu übe setzen, entstand; ungedecktes Papiergeld. Wir bezeichnen es auch gern als Scheingeld. Scheingeld deshalb, weil es keinen intrinsischen Wert besitzt. Wert erhält es einzig und allein durch das kollektive Vertrauen seiner Benutzer.

Mit Fiatgeld besteht gegenüber den gelddruckenden Instanzen, den Zentralbanken, kein Anspruch mehr auf Einlösung in Gold oder Silber. Anschließend wurde Fiatgeld per Gesetz zum gesetzlichen Zahlungsmittel erklärt und als solches akzeptiert. Die bekanntesten Beispiele für Fiatgeld sind heute Euro und US-Dollar. Sie müssen von der jeweiligen Zentralbank emittiert (ausgegeben) werden. Das Münzprägerecht, das so genannte Münzregal, liegt im Euroraum nach wie vor bei den Nationalbanken, wie z.B. der Deutschen Bundesbank. Allerdings sind Münzen heute nur noch eingeschränkt gesetzliches Zahlungsmittel und summieren sich nur auf einen Bruchteil der gesamten Papiergeldsumme. Schon der französische Philosoph Voltaire (1694–1778) räsonierte:

»Papiergeld kehrt früher oder später zu seinem inneren Wert zurück, Null.«

Heute sollte der Wert des Geldes in einem direkten Wechselverhältnis zur Wirtschaftsleistung eines Landes stehen (dem Wert der Güter und Dienstleistungen, die produziert und verkauft werden). Man muss also darauf vertrauen, dass die Zentralbank die adäquate Menge an Geld zur Verfügung stellt. Diese Menge muss ganz genau an die Wirtschaftsleistung eines Währungsraums angepasst werden. Wirft die Europäische Zentralbank (EZB) die Notenpresse an (z.B. um die Inflation zu bekämpfen oder die Wirtschaft anzukurbeln), heißt das, dass sich mehr Geld im Umlauf befindet, als sich dies in der Wirtschaftsleistung widergespiegelt. Somit ist zu viel Geld im Umlauf und das treibt die Preise nach oben. Insofern ist es besonders paradox, dass wir die letzten Jahre einer Deflation im Euroraum näherstanden als einer Inflation. Schließlich wurde über die Maße viel Geld von der Zentralbank produziert. Wohin verschwindet das ganze Geld also, wenn es praktisch nicht in der Realwirtschaft ankommt?

ngedeckte Papiergeld, das Fiatgeld, ist die Hauptursache für di
on Spekulationsblasen und Inflation, da es unbegrenzt erzeug
ann. Es fließt, auf der Suche nach immer höheren Renditen, übe
wiegend in die internationalen Finanzmärkte. Im Fachjargon nennt ma dies »Asset Price Inflation«, also eine Inflation der Vermögenswerte. Dam lässt sich zum Beispiel der starke Anstieg der Aktienmärkte in den letzte Jahren erklären. Im Rahmen ihrer »Quantitative Easing«-Programme habe die Zentralbanken weltweit mehrere Billionen geschöpft.

Eine interessante Exkursion hinsichtlich der Verwendung von Geld scheinen bzw. dem Scheingeld ist die Fünf-Pfund-Note Englands. Auf ih steht noch immer geschrieben: „I promise to pay the beerer on demand th sum of 5 pounds" (ich verspreche dem Träger die Summe von 5 Pfund - de eigentlich hinterlegten Edelmetalls Silber - auszuzahlen). Der Versuch, da Versprechen bei der „Bank of England" auch einzulösen, zeigt sich jedoc aussichtslos. Auf die interessante Geschichte hinter einigen Geldscheine kommen wir aber in einem der folgenden Kapitel nochmals zu sprechen.

Buchgeld

Buchgeld, auch Giral- oder Geschäftsbankengeld genannt, ist das Geld, wie wir es heute kennen und die fragwürdige »Krone« der Geldmetamorphose. Bei Buchgeld, das nur in den „Büchern" der Banken auftaucht, handelt es sich nur noch um einen Anspruch auf Bar- bzw. Fiatgeld. Dieses Buchgeld wird erzeugt, wenn gedrucktes Geld, Zentralbankgeld (das einzige gesetzliche Zahlungsmittel!), zur Bank gebracht und eingezahlt wird. Die Geschäftsbank transformiert dieses Geld in Sichtguthaben, also in Giral- oder Buchgeld (Abb. 7). Giralgeld entsteht aber auch durch Kreditvergabe.

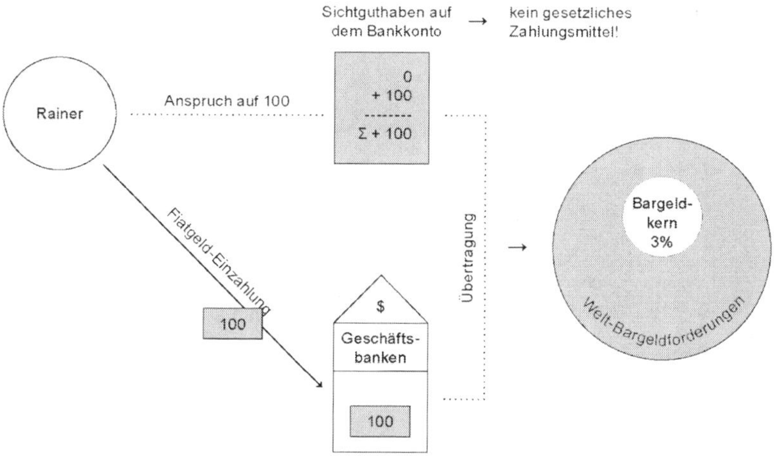

Abbildung 7: Unser fiktiver Freund Rainer hat, nachdem er 100 Euro auf seinem Konto eingezahlt und die Bank den Betrag durch Übertragung auf dessen Bankkonto zu Sichtguthaben transformiert hat, nur noch einen Anspruch auf diese 100 Euro. Zugleich ist sein Bankguthaben kein gesetzliches Zahlungsmittel. Durch diese und andere Fehler unseres Geldsystems ist der Bargeldkern der Welt auf drei Prozent zusammengeschmolzen.

Das heißt, dass Buchgeld kein gesetzliches Zahlungsmittel ist und auch nicht als Zahlungsmittel angenommen werden muss. Im allgemeinen Zahlungsverkehr wird Buchgeld aber stillschweigend akzeptiert. Das ist wol auch dem Umstand zu verdanken, dass die meisten Menschen gar nicht davon wissen. Dieser Hintergrund ist allerdings gerade im Hinblick auf di sogenannte Giralgeldschöpfung, die wir in einem der folgenden Kapit behandeln, besonders wichtig.

Buchgeld existiert als Bankguthaben auf einem Konto. Anders gesag es ist nicht mehr als eine Information auf einem EDV-gestützten Systen Kontoguthaben sind somit nichts weiter als Zahlen, gespeichert auf einer Computer. Die »Stabilität« der Währung ist - wie schon beim Papiergel - nur dann gewährleistet, wenn die Menschen ihr vertrauen. Das birg gewaltige Gefahren - vor allem den bereits erwähnten Bank-Run. Man erin nere sich nur an den »Lehman-Crash« 2008. Damals versicherte uns di Regierung: »Ihre Einlagen sind nicht in Gefahr!« Es hat glücklicherweis geholfen, denn die Menschen haben die Banken und Bankautomaten nicl gestürmt und leergeräumt. Hätte die Regierung damals hinzugefügt, das unsere Einlagen durch unser eigenes Steuergeld »gesichert« waren un sind, wäre es womöglich anders gekommen. Im Volksmund sagt man daz auch linke Tasche – rechte Tasche.

Zusammenfassung

• Die ursprüngliche Form, Güter zu erwerben bestand im Tausch von Waren und Dienstleistungen.
• Dieses umständliche System wurde im Laufe der Zeit durch Edelmetalle als Tauschmedium ergänzt und vereinfacht.
• Aus Sicherheits- und Bequemlichkeitsgründen erweiterte man den Tauschhandel durch Edelmetalle um Versprechungen auf Edelmetalle - die Schuldscheine. Durch nicht mit Edelmetallen gedeckte Kreditvergabe verloren die Schuldscheine allerdings immer wieder drastisch an Wert.
• In der Folge benannte man die Schuldscheine in Geldscheine bzw. Banknoten um, deren Gegenwert in Gold bei den staatlichen oder privaten Zentralbanken gelagert war. Erneut wurden nicht gedeckte Kredite vergeben. Insbesondere mittels der Geldpresse finanzierter Kriege schmolz der Goldkern auf einen Bruchteil zusammen.
• Das 1944 eingeführte Bretton-Woods-System legte für nahezu alle Währungen weltweit einen festen Wechselkurs zum US-Dollar fest. Dieser war angeblich mit in der amerikanischen Zentralbank Fed gelagertem Gold gedeckt.
• 1971 brach auch dieses System zusammen. Die Weltstaaten blieben auf ihren Goldforderungen gegenüber den USA sitzen.
• Seither wird Geld gegenwertslos gedruckt, sogenanntes Fiatgeld - Papier- bzw. Scheingeld. Es stellt noch einen Anspruch auf gesetzliches Zahlungsmittel (Zentralbankgeld) dar.
• Mit Eintritt in das digitale Zeitalter wurden Buchungsvorgänge durch Computer stark erleichtert. Bei Banken eingezahltes Zentralbankgeld wird seither in Sichtguthaben transferiert, das kein gesetzliches Zahlungsmittel mehr darstellt.

Was ist Geld?

»Das Geld, das man besitzt, ist das Mittel zur Freiheit, dasjenige, dem man nachjagt, das Mittel zur Knechtschaft.«
JEAN-JACQUES ROUSSEAU

Mit dem Hintergrundwissen des Entstehungs- und Entwicklungsverlaufs der Währungsgeschichte ist es einfacher, die vom Geld ausgehende Überlegenheit gegenüber Waren zu verstehen. Schon allein darin liegt bereits enormes Konfliktpotential.

Was ist eigentlich Geld?

Jeder möchte es, keiner kann ohne es und wer es hat, will mehr davon. Wir sind alle tagtäglich mit Geld konfrontiert. Es ist essenzieller Begleiter unseres Alltags und trotzdem fällt nicht nur dem Laien eine eindeutige Definition schwer. Grundsätzlich hat gesetzliches Zahlungsmittel, also Banknoten und eingeschränkt auch Münzen, mehrere Eigenschaften. Geld in Form gesetzlichen Zahlungsmittels kann...

> ...als Tauschmittel fungieren und damit für den Konsum verwendet werden. Auf diese Weise fließt es im Wirtschaftskreislauf (öffentlicher Aspekt).
> ...und muss ein verlässlicher Wertmaßstab sein.
> ...nicht verderben und verursacht so gut wie keine Lagerkosten und kann infolgedessen
> ...als Wertaufbewahrungsmittel dienen und somit zum Spekulationsmittel werden (privater Aspekt).
> ...gegen Zins verliehen werden.

...nur von der Zentralbank geschaffen werden.
...Verteilungsinstrument (sozialer Gerechtigkeit) sein.
...finanzielle Freiheit bieten und Motivator sein.

Das sind viele völlig unterschiedliche Charaktereigenschaften. Scho allein daraus muss Verwirrung entstehen. Und tatsächlich: Bis heute exis tiert nicht einmal in der Wirtschaftswissenschaft eine eindeutige Definitio von Geld!

Der eigentliche Sinn des Geldes, das zeigt seine Entwicklungsgeschicht eindeutig, ist die Verwendung als Tauschmedium für Güter - sowohl Ware als auch Dienstleistungen. Es vereinfacht den Eintausch des eigenen Ein kommens gegen Leistungen anderer. Dies ist in den Ökonomien der Indus trieländer besonders wichtig, da sie hochgradig arbeitsteilig und dam nahezu gänzlich auf Fremdversorgung angewiesen sind. Jeder Einzeln hängt von der Arbeit anderer ab. Somit ist (Zentralbank-)Geld eine A gedruckte Garantie, sich die Arbeit anderer anzueignen.

Damit der komplexe Wirtschaftskreislauf funktioniert, muss das Gel zirkulieren. Zur Veranschaulichung sollen der menschliche Körper und da in ihm fließende Blut dienen. Gibt es eine Verstopfung, kommt es zu Arte riosklerose, Schlaganfall oder Herzinfarkt (Abb. 8).

Der französische Ministerpräsident Édouard Daladier (1884–1970) ha es so ausgedrückt:

> *»Das Geld spielt im Wirtschaftskörper dieselbe Rolle wie das Blut im Körper des Menschen. Soll der Körper seine verschiedenen Lebensfunktionen erfüllen, muss der Kreislauf des Blutes ungehemmt von sich gehen. So ist es auch notwendig, dass das Geld umläuft, damit die allgemeine Beschäftigung zur Wirklichkeit werde.«*

Was passiert, wenn das Geld nicht mehr (reibungslos) zirkuliert? Gel kann ohne weitere Gefahr gespart bzw. gehortet (Ausdruck Silvio Gesells werden, weil es im Gegensatz zu Produkten weder verdirbt noch Lagerkos ten verursacht. Damit wird es dem Wirtschaftskreislauf entzogen und die ser durch den resultierenden Nachfragerückgang gestört (Abb. 9).

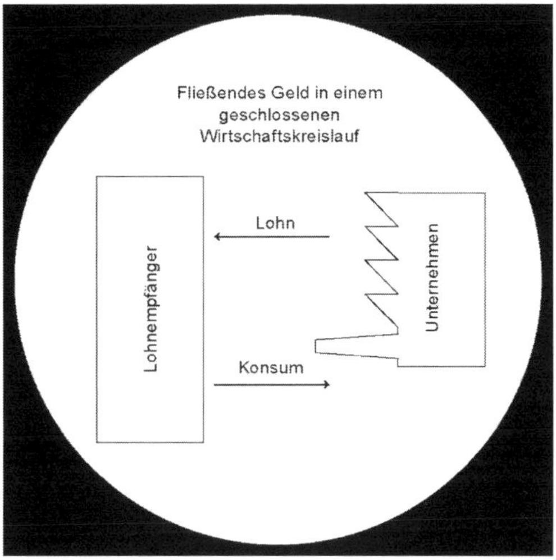

Abbildung 8: Unternehmen zahlen Lohn.
Die Lohnempfänger verkonsumieren ihn vollständig.

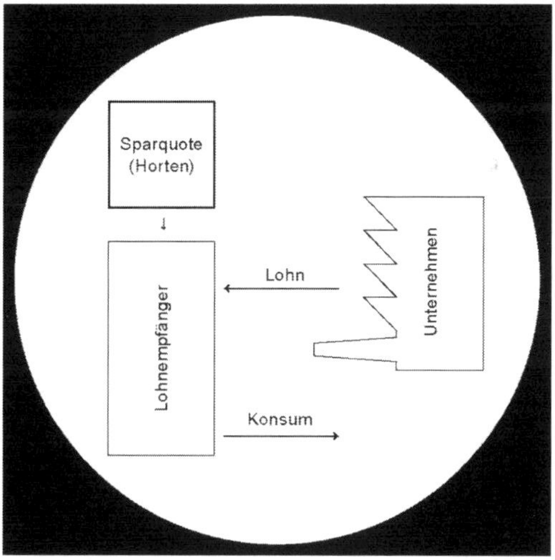

Abbildung 9: Unternehmen zahlen Lohn, die Lohnempfänger verkonsumieren jedoch nur noch einen Teil, der andere Teil wird gespart. Es kommt zu einem Nachfrageeinbruch und einer volkswirtschaftlichen Rezession.

Die Motivation, dem Kreislauf Geld zu entziehen, resultiert aus de Annahme, man habe dafür zu einem späteren Zeitpunkt eine bessere Ve wendung. Das ist nichts anderes als Spekulation und die Folgen sind durc aus weitreichend. Wird das Geld dem Kreislauf entzogen, fehlt dieser Te in der Nachfrage. Das soll das folgende einfache Beispiel zeigen:

Angenommen ein 100 EUR Schein liefe in der Woche genau einmal un Er wechselt seinen Besitzer wöchentlich. Entscheidet sich nun ein Besitze den Schein zu horten (zurückzuhalten), können ihn die folgenden poten tiellen Erwerber nicht mehr erhalten und somit auch nicht ausgeben. Au das Jahr gesehen entstünde so ein Nachfrageeinbruch von 100 EUR mult pliziert mit 52 Wochen, also 5.200 EUR!

Die Folge: Die produzierenden Unternehmen verzeichnen weniger Ein nahmen. Das kann wiederum zu einem Umsatzeinbruch führen. Sie mü sen eventuell Mitarbeiter entlassen, um nicht unterzugehen. Die Arbeitslo sigkeit in der Bevölkerung steigt. Ein Wirtschaftsinfarkt sozusagen. Geld i somit allen anderen Gütern überlegen!

In diesem Ungleichgewicht liegt eine zentrale Legitimation des Zinse Damit das Geld in den Kreislauf zurückgelangt bzw. dem Kreislauf erha ten bleibt, führte man einen Motivator ein - den (Guthaben-)Zins. Da heißt, wenn die Menschen das Geld schon nicht konsumieren, sollen si es wenigstens (gegen eine Verzichtsentschädigung) zur Bank bringen. Au diese Weise machen sie es (in der Theorie) anderen Unternehmen ode Privatpersonen zugänglich, da Banken damit Kredite bzw. Darlehen verge ben (sollten), die wiederum als Nachfrage (egal ob Konsum oder Invest tion) wirksam werden können. Der Zins wird daher gemeinhin als eine A Prämie für den einstweiligen Liquiditätsverzicht verstanden. Im Übrige hat sich der Staat - ein Synonym für uns alle - als der größte Konsumer von Volkswirtschaften entwickelt. Weil wir alle – inklusive zukünftige Generationen - dafür bürgen, kann er praktisch unbegrenzt Kredite aufneh men. Er versucht selbst, mittels endloser Schuldenaufnahme, Nachfrageli cken zu schließen.

Es wird deutlich, dass die Umlaufgeschwindigkeit des Geldes in de Realwirtschaft bedeutsamer ist und die gesamtwirtschaftliche Situatio stärker beeinflusst, als dies die Quantität der umlaufenden Geldmenge tut. Es kann noch so viel Geld geschaffen werden, solange es nicht weitergegeben wird, haben nur einige Wenige etwas davon. An dieser Stelle berühren wir bereits den Punkt „Geben und Nehmen". Er ist für die finanzielle Freiheit und wahre Autarkie - die wir jedem mittels des zweiten Buches („Der Hamster verlässt das Rad") ermöglichen wollen - ganz entscheidend.

Einer klaren Begriffseingrenzung in der Debatte um das Geld(system) kommt eine erhebliche Dimension zu. Schließlich meinen wir mit dem Begriff Geld immer gesetzliches Zahlungsmittel. Dazu gehören jedoch ausschließlich die von der Europäischen Zentralbank gedruckten und ausgegebenen Geld- bzw. Banknoten! Alles andere ist kein Geld – sondern lediglich Geldguthaben bzw. Kredit. Geldguthaben bzw. Kredite stellen allerdings nur einen Anspruch auf das Zentralbankgeld, dem einzig gesetzlichen Zahlungsmittel, dar! Im Moment der Zentralbankgeld-Einzahlung auf das eigene Bankkonto geht dieses in den Besitz der Bank über. Man überlässt es der Bank quasi leihweise. Hat man es vorher besessen, besteht nun nur noch ein Anspruch darauf. Ansprüche sind keine Garantien! „Richtiges" Geld ist somit einzig und allein Zentralbankgeld.

Der Zins hat noch eine weitere Konsequenz. Weil er einen unendlichen Anstieg der Geldmenge provoziert, wird Geld Tag auf Tag weniger Wert. Dieser Kaufkraftverlust wird häufig als Inflation bezeichnet. Folglich sorgt der Zins dafür, dass Geld schneller ausgeben wird, weil es morgen weniger wert ist als heute. Auf die langfristig häufig destruktive Tendenz des Zinses sowie die bereits angesprochenen Interventionen des Staates werden wir in einem späteren Kapitel noch einmal näher eingehen.

In der Kapiteleinleitung haben wir ebenfalls den Aspekt des Geldes als Verteilungsinstrument (sozialer Gerechtigkeit) angesprochen. Einfach gesprochen verteilt Geld diejenigen Leistungen, die gemeinsam, also arbeitsteilig, erwirtschaftet wurden. Alles existierende Geld verbrieft damit die Größenordnung des Anspruchs auf alles Erwirtschaftete.

Geld ist daher auch Motivator. Man benötigt es, um komfortabel (über) leben zu können. Ohne Geld erfolgt eine gesellschaftliche Ausgrenzung.

Ausgrenzung und soziale Isolation bedeuteten früher praktisch den siche
ren Tod. Von daher ist finanzielle Freiheit kein verwerfliches Ziel. Ganz i
Gegenteil! Es kann motivieren, solange das Ziel nicht die Bestätigung vo
außen ist. Je mehr nämlich Glücksempfinden und Selbstvertrauen von Gel
abhängen, umso blinder und rücksichtsloser läuft man dem Mammon hi
terher.

Abschließend möchten wir - auf Zins und soziale Gerechtigkeit voraus
blickend - kurz die Zeit der Tausch- und Naturalwirtschaft in Erinnerun
rufen. Hat man damals einen Sack Mehl verliehen, erhielt man später auc
einen Sack Mehl zurück – zinsfrei! Heute scheint das wie eine Utopie, di
von einer stetigen Individualisierung der Gesellschaft verdrängt wurd
Jeder für sich, statt alle für alle.

Zusammenfassung

- Geld besitzt widersprüchliche Eigenschaften!
- Wird es verkonsumiert ist es Tauschmittel und zirkuliert.
- Da es nicht verderblich ist und kaum Lagerkosten verursacht, kann es auch gehortet bzw. gespart werden. Der Wirtschaftskreislauf gerät ins Stocken und die Gesamtnachfrage bricht ein, wenn zu viel davon dem Kreislauf entzogen wird. Dieser Nachfrageeinbruch wird häufig durch den Staat aufgefangen.
- Es fehlt eine eindeutige Definition!
- „Richtiges" Geld sind nur die Banknoten der Zentralbank!
- Zu Geld gehört der Zins. Die Kombination macht entweder finanziell frei oder versklavt.

Geldsystem – Der geniale Coup

»Die Bank hat den Nutzen durch Zinsen auf alle Gelder, die sie aus dem Nichts erschafft.«

WILLIAM PATERSON – GRÜNDER DER BANK VON ENGLAND

Bankraube werden häufig als Coups bezeichnet. Wir haben die Überschrift daher absichtlich überspitzt formuliert, um die Dringlichkeit der Thematik zu betonen. Ein grundlegendes Verständnis des Geldsystems kann auch für die eigene finanzielle Situation hilfreich sein und führt im besten Fall zu mehr sozialer bzw. sozioökonomischer Gerechtigkeit.

Ein Coup ist das Geldsystem insofern, da es keine neutrale Ausbildung bzw. unabhängige Wissensvermittlung darüber gibt. Weder in der Schule noch an den Universitäten werden die grundlegenden Mechanismen und Abläufe, wie etwa die der Geldschöpfung, eingehend und kritisch betrachtet. Ist das ein reiner Zufall oder steckt dahinter System? Das sollte, ob des großen Geheimnisses, das darum gemacht wird, zumindest in Frage gestellt werden. Sofort kam uns die vom römischen Philosophen Cicero geprägte lateinische Frage „cui bono" (wem ist es zum Vorteil) in den Sinn. Finden im vorherrschenden System alle Menschen gleiche Verhältnisse vor oder werden einige gegenüber anderen bevorzugt? Eine weitere Frage soll Licht in dieses Dunkel bringen. Sie resultiert aus dem Sprichwort »Geld regiert die Welt« und heißt »wer regiert eigentlich das Geld?«

»Gib mir die Kontrolle über das Geld einer Nation und es interessiert mich nicht, wer dessen Gesetze macht.«

Diese Ansicht vertrat Mayer Amschel Rothschild bereits vor über 20 Jahren. Er ist der Gründer der Rothschild-Banken-Dynastie, zu der auc die amerikanische Zentralbank Fed gehört. Das Zitat hebt die ökonomisch und politische Macht, die mit der Schaffung des Geldes einhergeht, hervor Die folgenden Seiten sollen daher einen Einblick in die unterschätzten Pro blematiken des Geldsystems geben. Unseren Untersuchungen nach sin das, neben dem überlegenen Wesen des Geldes, noch vier weitere:

1) Geld wird nur durch Kreditvergabe erschaffen, entsteht also ausschließlich durch Schuld.

2) Das Monopol der Geldschöpfung liegt nicht in demokratisch legitimierter, öffentlicher Hand.

3) Der Zins wird bei der Kreditvergabe nicht mit geschaffen. Da führt zu unendlichem Geldmengenwachstum.

4) Zins und Zinseszins erzwingen einen Wachstumswahn der Wirtschaft und sorgen dafür, dass sich das Hamsterrad, Tag für Tag, immer schneller dreht.

Entgegen dem, was uns allen gerne propagiert wird, ist weder ein Dok tor in Mathematik noch ein wirtschaftswissenschaftliches Studium nöti um unser Geldsystem zu begreifen. Das kleine Einmaleins sowie das Addie ren kleiner natürlicher Zahlen genügt völlig. Womöglich ist es für den log schen Denkprozess sogar hilfreich, nicht von der vorherrschenden Leh meinung indoktriniert worden zu sein.

Geld ist essenzieller Bestandteil unseres täglichen Lebens und trot dem wird seine Herkunft gehütet wie ein rohes Ei. Begeben wir uns als auf die Suche nach dem Ursprung des Geldes. Auch für die Politik sind di Geldschöpfer und die geldschöpfenden Institutionen ein rotes Tuch. Doc damit ist es jetzt vorbei!

Wir lüften den Schleier.

Geldschöpfung (Zentralbankgeld)

Die Untersuchung von Funktionsweise und Hintergründe der Geldschöpfung ist delikat. Die meisten Menschen gehen logischerweise davon aus, dass die Erzeugung und Ausgabe von Geld (mit dem Begriff Geld meinen wir immer gesetzliches Zahlungsmittel, also Zentralbankgeld) ein Monopol von Zentralbanken ist und diese in öffentlicher Hand sind. In diesem Satz stecken jedoch gleich mehrere Fehlannahmen.

Erstens: Private Geschäftsbanken haben die Möglichkeit, aus dem Nichts Kredite zu erzeugen (nicht gesetzliches Zahlungsmittel - im täglichen Gebrauch aber gängig). Im Fachjargon spricht man von der sogenannten Giralgeld- oder besser noch Giralkreditschöpfung. Sie ist dem Kapitel der Mindestreserve zugeordnet.

Zweitens: Die meisten Zentralbanken (z.B. die Europäische Zentralbank) sind nicht demokratisch gewählt und legitimiert und zum Teil, wie wir später sehen werden, sogar privater Natur.

Als Einstieg befassen wir uns mit dem Thema der Geldschöpfung durch die Zentralbanken der jeweiligen Währungsräume. In Europa ist die Europäische Zentralbank mit Sitz in Frankfurt die einzige Instanz, die das rechtliche Monopol besitzt, gesetzliches Zahlungsmittel in Form von Papiergeld zu erzeugen. Schon an der Quelle hat sich jedoch ein Fehler eingeschlichen. Der zugrunde liegende Fehlmechanismus wird anhand zweier Beispiele aufgezeigt:

Beispiel 1

Nehmen wir an, es existiert nur eine einzige Bank auf der Welt und Rainer Zufall ist ihr Kunde. Er möchte sich Geld leihen. Rainer beantragt daher einen Kredit über 100 EUR, um die flotte Kuh Elsa zu erstehen. Er hat sie schon seit längerem im Auge, weil sie einen riesen Euter hat und daher besonders viel Milch gibt. Da die Bank das Ausfallrisiko übernimmt und für den Darlehenszeitraum auch „entschädigt" werden möchte, verlangt sie eine Entlohnung für ihren Service. Wir nennen diese Rückvergütung Zins. Nehmen wir weiterhin an, es handelt sich um eine nette Bank und Rainer gibt an, das Geld innerhalb eines Jahres zurückzuzahlen. Als dinglich Sicherheit bietet er seinen Kuhstall an. Die Bank willigt ein und gewähı ihm einen Zinssatz von fünf Prozent pro Jahr. Nun kommt die Frage alle Fragen: Woher nimmt Rainer die fünf zusätzlichen Euro Zinsen, die e zurückzahlen muss? Drei Fälle sind denkbar:

1. Er muss sich erneut fünf Euro leihen.
2. Er muss Wertschöpfung betreiben und die fünf Euro pro Jah erwirtschaften.
3. Er kann die fünf zusätzlichen Euro nicht auftreiben, wird dam zahlungsunfähig und verliert den Kuhstall schlussendlich a die Bank.

Im ersten Fall geht Rainer wieder zur Bank und bittet um einen weite ren Kredit, damit er die fünf Euro begleichen kann. Die Bank muss neue Geld drucken (emittieren). Geld, das vorher gar nicht existierte und dei kein Gegenwert (in Form volkswirtschaftlicher Leistung) gegenübersteh Das scheint doch wahrlich einfach und genial zugleich. Alles was die Ban tun musste, war die Druckerpresse anzuschmeißen. Außerdem hat sie e geschafft, dass Rainer jetzt noch tiefer in der Kreide steht und Jahr für Jah noch mehr Zinsen zahlen muss!

Im zweiten Fall ist das Spiel etwas komplizierter, doch nicht wenige clever und profitabel für die Bank. Um die fünf zusätzlichen Euro zu erwir schaften muss Rainer arbeiten. Emsig melkt er Kuh Elsa und verkauft di gewonnene Milch auf dem Wochenmarkt. Nun stellt sich allerdings di Frage, woher die Käufer von Rainers bzw. Kuh Elsas Milch eigentlich ih Geld nehmen. Schließlich existiert nur eine einzige Bank.

Die Käufer von Rainer können sich das Geld entweder selbst gelie hen oder aber erwirtschaftet haben. Aber selbst, wenn sie es erwirtscha ten, muss am Anfang dieses Kreises immer die Bank stehen. Geld wir ausschließlich durch Kredit, gleichbedeutend mit einer Schuld, erscha fen. Man bedenke allein den psychologisch negativen Effekt des Begrif „Schuld"! Und wir leben mitten in einem System, das voll und ganz au Schulden aufgebaut ist und daher zurecht häufig als „Schuldgeldsystem bezeichnet wird. Wir fügen dieser Bezeichnung gerne noch das Wörtchen Schneeball hinzu und betiteln es als „Schneeballschuldgeldsystem". Schließlich hat es dieselben Charakteristika wie das Schneeballsystem. Zunächst beginnt es klein und unscheinbar, doch dann entwickelt es sich immer schneller zu einem riesigen Schneeball. So lange, bis schlussendlich ein unendlich großer Schnee- bzw. Geldklumpen - aus puren Schulden - daraus geworden ist. Ein weiterer Vorteil: Die Zentralbank besitzt ganz allein das Gelddruckmonopol, dessen Nachfrage schon allein dadurch gesichert ist, dass der Staat nur dieses Geld als gesetzliches Zahlungsmittel akzeptiert!

Im dritten Fall gelingt es Rainer, weder das Geld zu erwirtschaften noch einen neuen Kredit aufzunehmen, um die jährlich anfallenden Zinsen zu bezahlen. Er ist damit leider zahlungsunfähig – pleite. In diesem Fall greift seine dingliche Sicherheit und die Bank pfändet seinen Kuhstall. Zu Deutsch: Der Kuhstall geht in den Besitz der Bank über und Rainer steht plötzlich mit leeren Händen da. Für Rainer kann es sogar noch dicker kommen. Reicht das Geld aus dem Verkauf des Kuhstalls nämlich nicht für die Rückzahlung des Kredits aus, muss Rainer entweder einen Bürgen aufsuchen, der ihm das Geld zur Verfügung stellt, oder aber er ist gezwungen, die private Insolvenz anzumelden (Abb. 10 und 10.1 auf den folgenden beiden Seiten).

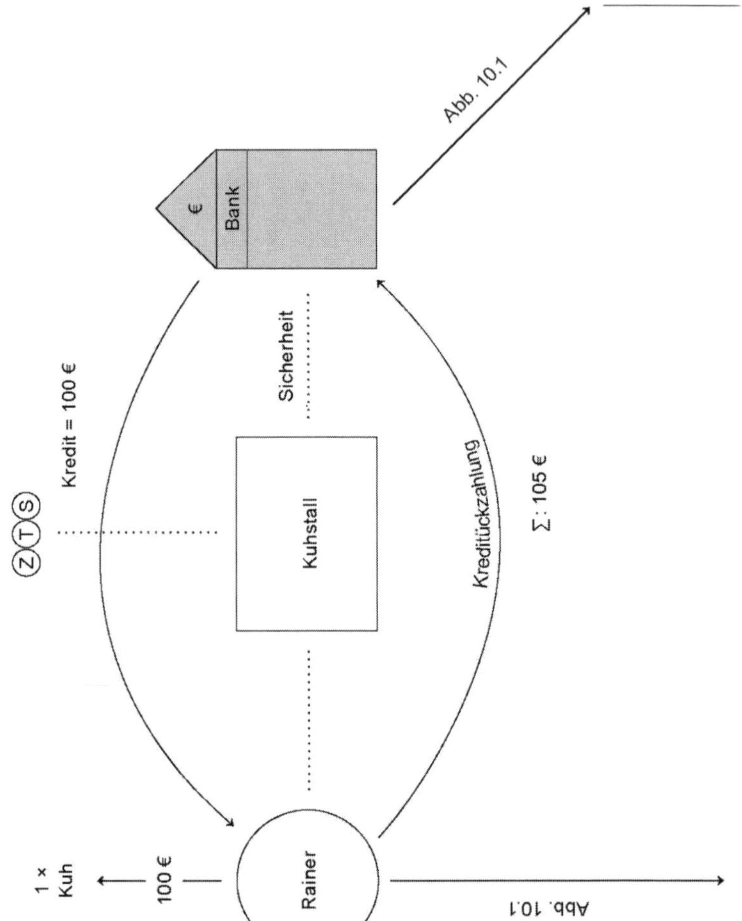

Abbildung 10: Für einen Kredit von 100 Euro muss Rainer der Bank seinen Kuhstall als Sicherheit (S) anbieten. Weiterhin hat er sich zur Erwirtschaftung der Zinszahlung (Z) von 5 Euro und der Tilgung (T) von 100 Euro des Kredits verpflichtet. So muss Rainer die 100€ nun renditebringend investieren, z.B. seine geliebte Kuh Elsa kaufen, um den Zins zu bedienen und somit seine Lebensgrundlage zu sichern.

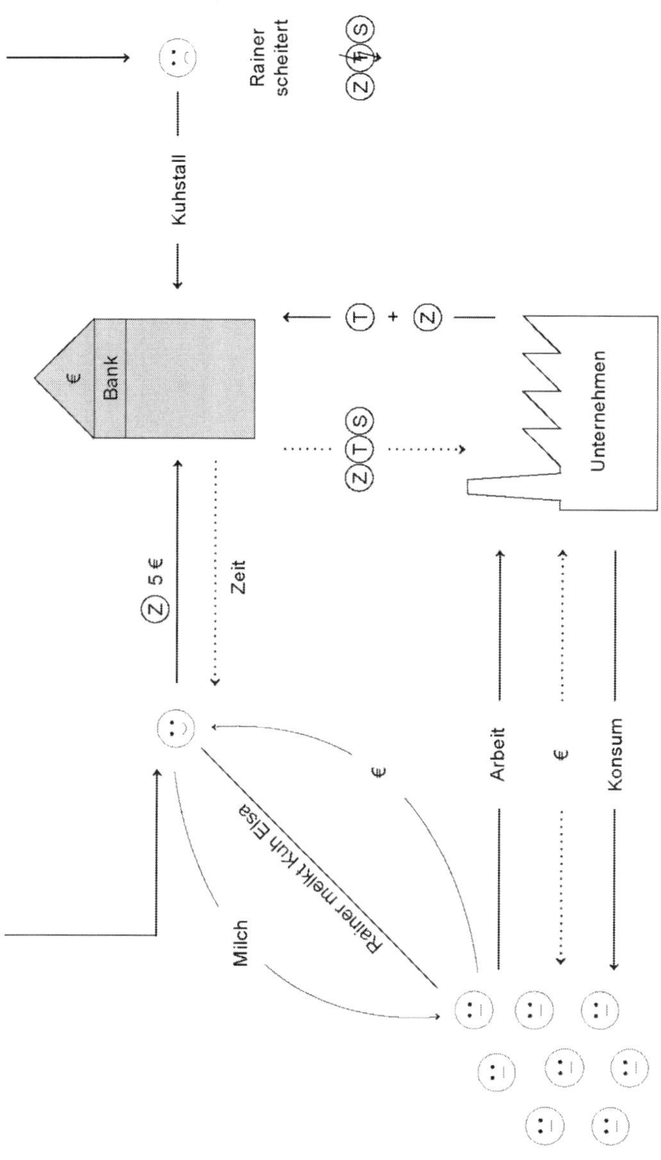

Abbildung 10.1: Im positiven Fall kann Rainer den Kredit durch Verkauf von Milch bedienen. Seine Klienten arbeiten ebenfalls, erhalten Geld und konsumieren. Damit Rainer die nicht miterzeugten 5 Euro Zinsen

zurückzahlen kann, müssen entweder seine Klienten oder die lohnzahlende Unternehmen Kredite aufnehmen. Scheitert Rainer und kann weder Tilgung noch Zins zahlen, greift seine Sicherheit: Der Kuhstall. Dieser geht nun in den Besitz der Bank über.

Dieser Prozess stellt einen Knackpunkt zum Verständnis des Geldsys tems und seiner Tücken dar. Daher soll dieser Ablauf inklusive seiner Ähr lichkeiten zum bekannten Schneeballsystem mithilfe eines zweiten Be spiels vertieft werden. In dem zweiten Beispiel gibt es übrigens nach wi vor nur eine einzige Bank (Zentralbank)!

Beispiel 2

Rainer, der sich 100 EUR zu fünf Prozent Zinsen leiht, muss nach einer Jahr 105 EUR zurückzahlen. Er hat ein Jahr lang Zeit, diese fünf Euro z beschaffen. Wir nehmen nun an, dass sich zehn weitere Personen jewei 100 EUR leihen. Die Zentralbank hat somit 1.000 EUR gedruckt und ve teilt. Am Jahresende muss jeder der zehn Kreditnehmer 105 EUR zurücl zahlen. Insgesamt erwartet sie also 1.050 EUR.

Nun stehen wir aber wieder vor einem Rätsel. Schließlich hat die Ban die zusätzlichen 50 EUR bei der Kreditvergabe ja gar nicht miterzeug Folglich muss eine Person die Hälfte ihres Guthabens verlieren, damit al anderen ihre Schulden zurückzahlen können.

Da das Zahlungsmittel aber praktisch und lebensnotwendig ist, we den die Wenigsten ihr gesamtes geliehenes Geld zurückzahlen, sonder nur den Zins von fünf Euro bedienen. Außerdem gibt die Zentralbank de Wirtschaftskreislauf ja sehr wohl ständig neues Geld hinzu, immer dan wenn jemand Geld benötigt, sprich, einen Kredit aufnimmt. Ja selbst de Staat leiht sich ständig Geld und »bezahlt« mit Staatsanleihen, dessen Zir sen die Bank abkassiert. Da stetig neues Geld und neue Güter in das Syster hineinkommen hat niemand bemerkt, dass mittlerweile die ganze Welt b der Bank verschuldet ist.

Das einzige Detail: Die Bank hat das Geld nur hergestellt, nicht aber di Waren und Dienstleistungen, die damit konsumiert werden.

Trotzdem kann Sie den Zugriff auf Güter verschaffen, die ein anderer hergestellt hat. Am Zahltag bekommt sie dann das Geld und/oder den Zins zurück oder aber die hinterlegte Sicherheit.

Einen zentralen Fehler in einem verzinsten Schuldgeldsystem stellt also die Tatsache dar, dass der Zins bei der Geldschöpfung gar nicht erst mitgeschöpft wird. Das bedeutet, dass für alle Zinsen, die weltweit anfallen, erneut Kredite (=Schulden) – wieder gegen Zins – aufgenommen werden müssen. Nur so kann die Zinslast bezahlt, besser gesagt abgelöst, werden. Dadurch entsteht eine Spirale, die zur Folge hat, dass sich die Geldmenge (also Schulden, denn nichts anderes ist Geld), immer schneller, exponentiell, vermehrt. Jeder Geldschein, egal ob Euro, Dollar oder Pfund, stellt Schulden dar. Das heißt, er muss von irgendjemandem (Unternehmen, Organisationen, Staaten, Privatpersonen, etc.) geborgt sein, sonst gäbe es ihn nicht!

Das wiederum bedeutet, dass in einem Schuldgeldsystem die Schuld (der Kredit) stets dem dazugehörigen Sachwert, der ja erst erarbeitet werden muss, vorausgeht! Das macht klar, dass die Schuld die eigentliche Machtbasis der Geldverleiher ist. Nicht das Geld regiert also die Welt, sondern die Schuld, die dem Geld zugrunde liegt. Geld entsteht in unserem System ausschließlich durch mit Zins belasteter Kreditaufnahme, und zwar von Anbeginn. Den Anfang der Kette bilden die Zentralbanken. Im Fachjargon spricht man von kreditärer Geldschöpfung.

An dieser Stelle sei angemerkt, dass jedem Euro, Dollar oder Renminbi an Kredit der gleiche Wert an Guthaben gegenübersteht! Die einzige Möglichkeit, Schulden abzubauen, liegt darin, auf der Gegenseite denselben Guthabenbetrag zu streichen. Die Rückzahlung von Schulden ist in einem Schuldgeldsystem, entgegen dem, was uns die Politik vorgaukelt, wegen der nicht miterzeugten Zinsmenge, unmöglich! Schafft es der eine, zwingt er dadurch einen anderen automatisch dazu, es nicht zu schaffen und im schlimmsten Fall dessen Sicherheiten an die Bank zu verlieren. Das Thema der Geldschöpfung ist auch deshalb so sensibel, weil es noch andere weitreichende Konsequenzen hat. Wird nämlich zu viel Geld erzeugt, findet es keine Entsprechung mehr in der Realwirtschaft und wird folglich für spekulative Zwecke an den Finanzmärkten eingesetzt. In der kreditären Geldschöpfung finden wir somit auch den Ursprung des Casino-Kapitalismus. Und die Geschäftsbanken sind die Katalysatoren.

Zusammenfassung

- Geld entsteht ausschließlich durch Kreditvergabe. Das bedeutet: Jeder Geldschein ist erst durch Schuldenaufnahme entstanden, sonst gäbe es ihn nicht.
- Darüber hinaus sind Kredite mit Zinsen belastet. Die Zinsen werden bei der Vergabe jedoch nicht mitgeschöpft. Da der Zins bei der Rückzahlung somit immer fehlt, müssen unweigerlich und unaufhörlich neue Kredite vergeben werden. Die Rückzahlung aller Schulden ist damit gesamtwirtschaftlich, mathematisch, völlig unmöglich.
- Eine Schuldenspirale entsteht.
- Schuldenstreichung kann nur mit einer Guthabensstreichung in gleichem Maße einhergehen. Warum? Schulden und Guthaben sind ein- und dasselbe.
- Wird mehr Geld geschaffen als in der Realwirtschaft benötigt wird, steigen die Preise und die Überkapazitäten fließen in die spekulativen Finanzmärkte. Dort bilden sie Blasen und führen über kurz oder lang zu Börsencrashs.

In diesem Kapitel haben wir die Erzeugung von Zentralbankgeld mit ihren weitreichenden Folgen behandelt. Deshalb lohnt sich ein Blick hinter die Kulissen der »Gelderzeuger« besonders.

Zentralbanken – sind sie wirklich staatlich?

Bereits nach dem ersten Kapitel wird deutlich, welch enorme Mach in den Händen der Zentralbanken liegt. Sie lenken die Geldpolitik, inde sie den sogenannten Leitzins – der Zins mit dem sich Geschäftsbanken b der Zentralbank Geld leihen können – sowie den Mindestreservesatz fes legen. In einem Währungsraum obliegt ihnen darüber hinaus die wichtig Aufgabe, für Währungsstabilität zu sorgen. Schließlich soll das Geld, wi im vorangegangenen Kapitel angesprochen, als verlässlicher Wertmaßsta dienen.

Geldwertstabilität zu verstehen ist eigentlich ganz simpel. Kaufkraf verlust bzw. Preissteigerungen entstehen, wenn mehr Geld in den Umla gelangt, als es Entsprechung in der Realwirtschaft (in Form von Gütern un Dienstleistungen) findet. Es verliert an Wert. Deshalb müssen sich Zentra banken ständig darum bemühen, die Geldmenge dem Waren- und Diens leistungsstrom (anhand eines ausgewählten Warenkorbs) der Wirtscha anzupassen. Wächst die Wirtschaft, müsste die Geldmenge entsprechen erhöht werden. Schrumpft sie, müsste eine Geldmengenverknappung d Zentralbank erfolgen. Auf diese Weise blieben die Preise und die Kaufkra konstant.

In der heutigen hochkomplexen und hochbeschleunigten Import- un Exportwirtschaft ist das allerdings leichter gesagt als getan. Außerde nehmen wir schon wegen der enormen Bedeutung von Geldmengen- bz Kaufkraftstabilität an, dass Zentralbanken öffentlicher Natur und de Gemeinwohl verpflichtet wären. Hierfür müssten sie in einem demokr tischen Prozess, also durch Wahlen, die Legitimation dafür erhalten. Wi sieht das in der Realität aus?

Diese Frage erörtern wir an den beiden bekanntesten Institutione Der Europäischen Zentralbank (EZB) in Europa und der Notenbank Feder Reserve (Fed) in den USA.

Die Europäische Zentralbank

Die EZB hat im Rahmen der Eurozone das Ziel formuliert, eine jährliche Preissteigerungsrate von zwei Prozent anzustreben. Warum genau zwei Prozent angesetzt wurden, weiß eigentlich niemand genau. Bereits eine Inflationsrate von 0,01 Prozent stellt für den Konsumenten allerdings einen realen Kaufkraftverlust dar.

Die Wenigsten wissen, dass die nationalen Zentralbanken, die alle Teil des „Europäischen Systems der Zentralbanken“ sind, nicht an Weisungen ihrer nationalen Regierungen gebunden sind. Sie unterstehen einzig und allein der EZB. Das macht klar, dass die EZB, als ein supranationales Organ, über das Geld bestimmt und niemandem wirklich Rechenschaft schuldig ist. Deshalb lohnt sich auch ein Blick in den strukturellen Aufbau der EZB. Die beiden wichtigsten Beschlussorgane sind der EZB-Rat und der Erweiterte Rat – ausführendes Organ ist das EZB-Direktorium. Der EZB-Rat ist das höchste Beschlussorgan der EZB und besteht aus den sechs Mitgliedern des Direktoriums und den 19 Nationalen Zentralbank-Präsidenten (Stand 2018) der Mitgliedsländer. Diese werden in der Regel von den nationalen Regierungen ernannt.

Gerade beim Direktorium handelt es sich jedoch nicht um ein vom Volk demokratisch gewähltes Organ. Präsident, Vize-Präsident und vier weitere Mitglieder werden lediglich vom EZB-Rat, der wiederum aus nicht vom Volk gewählten nationalen Zentralbank-Chefs der Mitgliedsländer besteht, für acht Jahre bestimmt. Demnach lässt man in den höheren Etagen der EZB leider Transparenz und Demokratie vermissen. Das gilt sogar für die Chefetage, die seit 2012 der Italiener Mario Draghi besetzt.

Ein Blick in den Lebenslauf von Herrn Draghi hätte seine Ernennung - bemüht man den gesunden Menschenverstand - niemals zulassen dürfen. Vor seiner Ernennung war er fünf Jahre Präsident der italienischen Zentralbank (2006-2011). Die italienische Zentralbank gilt als eine überwiegend private Zentralbank. Wurde sie doch 1862 durch den Zusammenschluss von vier Privat- und zwei öffentlichen Banken gegründet. Bis heute ist sie von der italienischen Regierung völlig unabhängig. Außerdem war Mario Draghi zuvor, zwischen 2002 und 2005, Vizepräsident der Investmentbank

Goldman Sachs. Interessenkonflikt ausgeschlossen?

Es darf bezweifelt werden, ob ein nicht gewählter Rat und ein nicl gewähltes Direktorium – dessen Präsident aus einer der mächtigsten Bar ken der Welt kommt – wirklich im Interesse der breiten Bevölkerung har deln. Hier bedarf es eindeutig einer öffentlichen Debatte und einer transpa renten Kommunikation über die Herkunft der „Währungshüter". Außerder müssten auch die nationalen Zentralbanken genauer unter die Lup genommen werden. Schließlich hat jede nationale Zentralbank - unabhär gig von der volkswirtschaftlichen Leistung des Landes oder der Bevölke rungsanzahl des jeweiligen Landes - nur eine Stimme im EZB-Rat.

Aus unserer Sicht müssten private Banken daher vom Geldschöp fungsprozess ausgeschlossen sein, um Interessenskonflikte zu vermeide Eigentlich müssten zudem die Chefposten in den nationalen Zentralbanke - ähnlich den nationalen Regierungen - demokratisch gewählt werden, u sicher zu gehen, dass sie im Interesse der Bevölkerung und nicht im priva ten Interesse handeln.

Die amerikanische Notenbank Fed

Wer heutzutage sagt, dass die Fed keine staatliche Notenbank ist, wir in manchen Kreisen noch immer als Verschwörungstheoretiker abge tan. Dabei ist die Sachlage eindeutig und praktische Realität! Das Federa Reserve System ist eine private Institution, bzw. ein System privater Bar ken, das 1913 unter Woodrow Wilson in einem Gesetz verabschiede wurde, dem „Federal Reserve Act". Damals sollte das System vor allem a „lender of last resort" (deutsch: Kreditgeber letzter Instanz) fungieren, u Banken-Paniken wie z.B. der im Jahre 1907 und den Gefahren von „ban runs" vorzubeugen. Allerdings wurde dieser Zusammenschluss private Großbanken nie wieder aufgelöst!

Die Fed ist heute zu 100 Prozent in Privatbesitz. Allen Anteilseigner werden übrigens 6 Prozent Rendite garantiert! Die drei Hauptanteilseig ner der Fed sind die Citibank, die JP Morgan Chase & Co Bank, sowie di Chase Manhattan Bank, aber auch die Investmentbank Goldman Sachs hä Anteile. Das Gesetz wurde von Präsident Woodrow Wilson in wirtschaftlic höchst turbulenten Zeiten unterzeichnet. Die Abstimmung fand zwei Tage vor Weihnachten statt. Die meisten Abgeordneten waren zu diesem Zeitpunkt bereits Zuhause bei Ihren Familien. Präsident Wilson war zuvor in einem äußerst fragwürdigen und noch immer sehr kontrovers diskutierten Wahlkampf an die Macht gekommen. Das Gelddruckrecht des US-Dollar wurde durch diesen Beschluss einer privaten Elite von Financiers zugestanden. Seitdem gibt es in den USA kein staatliches Geld mehr. Die staatliche United States Note wurde vor über einem Jahrhundert zur privaten Federal Reserve Note. Am Ende seiner Amtszeit prägte Wilson folgendes Zitat:

»Ich bin ein höchst unglücklicher Mann. ich habe unabsichtlicherweise mein Land ruiniert. Eine große Industrienation wird nun von ihrem Kreditsystem beherrscht. Unsere Regierung basiert nicht länger auf der freien Meinung, noch auf der Überzeugung des Mehrheitsbeschlusses, es ist nun eine Regierung, welche der Überzeugung und dem Zwang einer kleinen Gruppe marktbeherrschender Männer unterworfen ist.«

Wunderbar veranschaulichen lässt sich diese Entwicklung auch anhand der United States Note (Abb. 11) und der Federal Reserve Note (Abb. 12). Bei der genaueren Betrachtung der Federal Reserve Note wird schnell deutlich, dass es sich hierbei nicht um wahres Geld handelt. Darauf steht geschrieben:

»This note is legal tender for all debts, public and private.«

Übersetzt: Diese Note ist gesetzliches Zahlungsmittel für alle privaten und öffentlichen Schulden. Von Geld ist keine Rede. Schließlich legt die amerikanische Verfassung eindeutig fest, dass ausschließlich Gold und Silber Geld sind. Die ursprüngliche United States Note trägt daher noch den Schriftzug: »The United States of America will pay to the bearer on demand One Dollar« (Die Vereinigten Staaten zahlen dem Überbringer einen US-Dollar). Ein US-Dollar ist in der amerikanischen Verfassung festgelegt auf eine Silbermünze des Gewichtes einer Unze. Federal Reserve Noten sind somit kein Geld, sondern private Kreditpapiere. Augenscheinlich i auch die Ähnlichkeit der Fed-Note zur einst staatlichen Note. Dies bestäti das Offensichtliche: »Die Öffentlichkeit sollte keinen Verdacht schöpfen.«

Abbildung 11: Auf der ursprünglichen United States Note stand (unten, Mitte), dass dem Überbringer ein Dollar zu zahlen sei.

Abbildung 12: Heute steht auf der Dollarnote nur noch, dass dieses gesetzli-ches Zahlungsmittel für alle öffentlichen und privaten Schulden ist. Also kei direkter Anspruch auf einen physischen Gegenwert besteht. Genauer noch: Die Banknote dient höchstens der Schuldentilgung.

Am Rande bemerkt: Der letzte US-Präsident, der es kurzzeitig schafft das staatliche Geld wieder einzuführen, war John F. Kennedy. Nachde

Kennedy am 4. Juni 1963 das präsidiale Dokument, die »executive order number 11.110« – die die »executive order number 10 289« (Federal Reserve Act) außer Kraft setzte – unterschrieb, verfügte der Präsident der USA wieder über die Hoheit der staatlichen Herstellung und Ausgabe von Geldnoten. Im November desselben Jahres wurde Kennedy, der Legende nach von einem Geisteskranken, ermordet. Der Nachfolger, Lyndon B. Johnson, nahm als 36. US-Präsident das staatliche Geld sofort vom Markt und kehrte zum privaten Federal Reserve Geld zurück. Die Abbildung 13 zeigt die Fünfdollarnote unter Kennedy. Sie trägt den ursprünglichen Schriftzug: »United States Note« (oben, Mitte), statt »Federal Reserve Note«.

Abbildung 13: Der einzige Präsident, der es schaffte, das Geldmonopol kurzzeitig aufzuheben und es in staatliche Hände zu legen, war John F. Kennedy. Leider wurde er kurz darauf ermordet. Nach seinem Tod fiel das Geldmonopol wieder in die Hände der privaten Fed.

Exkurs: Es gab noch nie so viele Goldman-Sachs Banker in der US-amerikanischen Regierung, wie unter der Obama-Administration. Und auch Donald Trump, der in seinem Wahlkampf versprach, gegen das „Establishment" vorzugehen, hat massenweise Goldman-Sachs Banker in sein Kabinett geholt. Unter George W. Bush war sogar Henry Paulson, der zwischen 1999 und 2006 Vorsitzender von Goldman Sachs, also auch eine Weile Chef von Mario Draghi war, Finanzminister.

»Die Zeit« betitelte dies treffend – »Die Goldmänner sind überall!« Abe auch der frühere Finanzminister Timothy Geithner steht dem in nicht nach. Er war vor seinem Amtsantritt Präsident der Fed von New York.

Auf dem Euro ist außer einer Zahlenreihenfolge und dem Copy right-Zeichen der Europäischen Zentralbank, das den Nachdruck von Geld scheinen verbietet, sowie einer nichts-sagenden Unterschrift von Mari Draghi nichts weiter aufgedruckt. Der einzige Unterschied zwischen Eur und US-Dollar besteht darin, dass US-Dollar durch ihren Status als Weltre servewährung eine besondere Position einnehmen und alle anderen Wäh rungen hauptsächlich durch US-Dollar »abgesichert« sind. Etwa 75 Prozen des weltweiten Geldes sind US-Dollar. Der Euro ist zu etwa 80 Prozent i US-Dollar abgesichert. In dem Fall einer starken Dollarentwertung würd dies also auch automatisch alle anderen Währungen treffen. In einem so chen Fall wäre sämtliches US-Dollar-Papiergeld in den Tresoren der EZ oder der chinesischen Zentralbank auf einen Schlag weniger oder ga nichts mehr wert, obwohl einmal sachliche Gegenleistungen, Güter- bzw Dienstleistungsexporte, vorausgegangen waren. Importiert haben dies Staaten eigentlich nur auf grünen Scheinen gedruckte Schulden.

Zusammenfassung

- Die Unabhängigkeit vieler Zentralbanken ist aufgrund der dahinterstehenden privaten Interessen infrage zu stellen.
- Viele Zentralbanken sind entgegen der allgemeinen Meinung nicht staatlich, sondern privat. Diese Banken drucken ihr eigenes »Geld«, das sie anschließend an den Staat bzw. andere private Geschäftsbanken verkaufen (durch Kreditgewährung).
- Durch den extremen weltumfassenden Schuldenexport, insbesondere während des Bretton-Woods-Systems, sind nahezu alle Währungen in US-Dollar abgesichert. Die Weltwirtschaft ist dementsprechend an das Wohle des US-Dollars gepfercht: Geht es der US-amerikanischen Wirtschaft schlecht, fällt der US-Dollarkurs. Dies zieht wiederum die Weltwirtschaft in Mitleidenschaft. Daran hat kein Staat, der große Mengen US-Dollar hält, Interesse.

Mindestreserve und Giralgeldschöpfung

Das vorhergehende Kapitel hat gezeigt, dass Zentralbanken als erst
und einzige Instanz Geld in Form gesetzlichen Zahlungsmittels scha
fen können. Stetige Liberalisierung des Finanz- und Bankensektors hat i
den letzten Jahren dazu geführt, dass die Kompetenz und Macht private
Geschäftsbanken stetig ausgeweitet wurde. Diese können sich entwede
bei den Zentralbanken Geld leihen oder durch Einlagen der Kunden zu Zen
tralbankgeld kommen.

Nun kommt ein weiterer Clou des Geldsystems. Die Geschäftsbank, ei
gewinnorientiertes Privatunternehmen, kann nämlich Kredite im We
eines Vielfachen des vorhandenen Zentralbankgeldes in Form von Gira
geld (besser Geldansprüche) vergeben. Geschäftsbanken fungieren som
als Multiplikatoren, die aus Zentralbankgeld noch mehr Kredite (Anspri
che auf Zentralbankgeld) – in Form von Sichtguthaben (häufig als Giralgel
bezeichnet) erzeugen. Das ist deshalb so prekär, da Sichtguthaben im al
gemeinen Zahlungsverkehr vorbehaltlos verwendet werden und somit ir
Prinzip wie richtiges Geld umlaufen. Damit steigen mit jeder Kreditvergab
die Ansprüche auf Zentralbankgeld.

Gibt also bereits die Zentralbank zu viel Geld aus, multiplizieren sic
die Gefahren durch die Giralkreditschöpfung der Geschäftsbanken. Da
kann die Störungen des Kreislaufs zusätzlich verstärken und dazu füh
ren, dass weitere, noch größere Spekulationsblasen entstehen. Die Proble
matik entspringt dem Interessenskonflikt der Privatbank, den Gewinn z
maximieren und trotzdem auf ausreichend Sicherheiten zu achten (sieh
Finanzkrise 2008). Private Banken verdienen umso mehr, desto mehr Kre
dite sie ausgeben - das kann dazu führen, dass die Zahlungswürdigkeit de
Kreditnehmers nur unzureichend hinterfragt wird.

Spekulationsblasen an den Finanzmärkten entstehen vor allem dan
wenn diese enormen Kreditmengen (Zentralbankgeldansprüche) kein
Entsprechung mehr in der Realwirtschaft finden. Sie suchen sich neu
höhere Rendite bringende Ziele: Aktien, Anleihen, Bonds, Zertifikat
etc. Die Folge können wir seit Jahren (mindestens Q2-2009 bis Q1-201

anhand der Börsenkurse verfolgen, die sogenannte „Asset Price Inflation" (Wertpapierinflation). Würden die überbordenden Kreditmengen in der Realwirtschaft zirkulieren, wären unsere Produkte bereits ein Vielfaches teurer. Da sie sich jedoch in den Finanzmärkten verflüchtigen, ist die Inflation dort zu beobachten - zur Freude aller Anleger!

Die Grundlage der Giralgeldschöpfung wird im Englischen als „Fractional Banking System" bezeichnet. Zu Deutsch: partielles- bzw. Mindestreserve-Bankensystem.

Kurzer historischer Rückblick: Die Problematik einer goldbasierten Währung hat gezeigt, dass Banken, durch Kreditvergabe, ein Vielfaches an (Schuld-/Geld-)scheinen des tatsächlich mit Gold hinterlegten Wertes erzeugt haben. Eine Folgeerscheinung, da nur wenige Kaufleute die Scheine in Gold zurücktauschten. Darin liegt die beeindruckende Parallele zum heutigen Geld- bzw. Fractional-Banking-System. Bevor wir zum Wesentlichen kommen wird daher eine wichtige Begriffsunterscheidung getroffen. Es gibt zwei unterschiedliche Mindestreserve-Typen:

- gesetzliche Mindestreserve
- banktechnische Mindestreserve

Unter gesetzlicher Mindestreserve versteht man Reserven von Zentralbankgeld, die Geschäftsbanken bei der Zentralbank hinterlegen müssen. Sie werden in der Regel positiv verzinst, dadurch entsteht für die Geschäftsbanken kein Verlust. Der gesetzliche Mindestreservesatz liegt in Europa seit dem 18.1.2012 bei lediglich einem Prozent der Geldmenge (Stand 2018). Mit der Geldmenge ist im Wesentlichen die Geldmenge M2 gemeint und wird folgendermaßen definiert: Geldmenge M1 (Bargeldbestand + Sichtguthaben) plus Einlagen mit Laufzeit bis zu zwei Jahren und Einlagen mit gesetzlicher Kündigungsfrist bis zu drei Monaten. Die Berechnungsbasis für die Reserven sind zum einen die Verbindlichkeiten der Geschäftsbanken gegenüber den Bankkunden, sprich deren angelegte und deponierte Beträge, und zum anderen die Kreditverpflichtungen gegenüber der Zentralbank. Die angelegten Beträge der Sparer sollten dazu dienen, weiterverliehen zu werden und so den entstehenden Nachfrageausfall zu kompensieren. Die gesetzliche Mindestreserve soll somit die Giralgeld schöpfung der privaten Geschäftsbanken beschränken.

Private, gewinnorientierte Geschäftsbanken können in der Eurozon somit aus einem einzigen Euro Zentralbankgeld (ZB-Geld) das Hundertfa che an Sichtguthaben, also 99 EUR Giralgeld, erzeugen. Der „Trick" heiß Bilanzverlängerung und funktioniert durch Kreditvergabe. Durch ein Pro zent eingelegtes Zentralbankgeld werden maximal weitere 99 Prozent al Buchgeld (Anspruch auf ZB-Geld) auf den Konten der Kreditnehmer gu geschrieben. Diese Kredite müssen selbstverständlich von den Kredi nehmern mit dinglichen Sicherheiten (Haus, Wertpapiere etc.) hinterleg sprich »abgesichert« sein.

Kann Rainer den Kredit nicht mehr tilgen, ginge in unserem Beispi sein Kuhstall in den Besitz der Bank über. Fragwürdig ist aber, mit welche Legitimation die Geschäftsbank zu diesem Sachwert kommt. Schließlic hat sie aus dem Nichts Kredit erzeugt, der nicht einmal gesetzliches Zah lungsmittel ist.

Unter der Regelung einer banktechnischen Mindestreserve versteh man den Bargeldbestand, also den Bestand an Zentralbankgeld, den di Geschäftsbank hält, um die Bargeldabhebungen zu gewährleisten. Si bezieht sich auf die liquiden Sichteinlagen der Kunden, die tagtäglich da auf zugreifen können.

Diese banktechnische Mindestreserve an Zentralbankgeld müsst daher theoretisch 100 Prozent der Sichteinlagen betragen, damit auch i Krisenzeiten reibungslose Bargeldabhebungen gewährleistet sind. Da ist allerdings mit einem Reservesystem unvereinbar. Schließlich möcht die Bank - wie jedes andere gewinnorientierte Unternehmen auch - sein Gewinne maximieren. Und ihr Hauptgeschäft ist nun mal die Kreditver gabe. Da Geschäftsbanken die Höhe der Reserve selbst festlegen, schaue wir hier noch einmal genauer hin. Die Banken verfügen über Erfahrungs werte der durchschnittlichen Beträge, die täglich in bar abgehoben wer den. Auf Grundlage dieser Erfahrungswerte sind die Geschäftsbanken i der Lage, Giralgeldschöpfung im Sinne der gesetzlichen Mindestreserve z betreiben. Wenn wir der Einfachheit halber davon ausgehen, dass die täglichen Barabhebungen um eine Quote von neun Prozent schwanken, lägen die restlichen 90 Prozent »nutzlos« in den Tresoren der Banken herum. Grafisch zeigt dies die sogenannte Überschussreserve (Abb. 14).

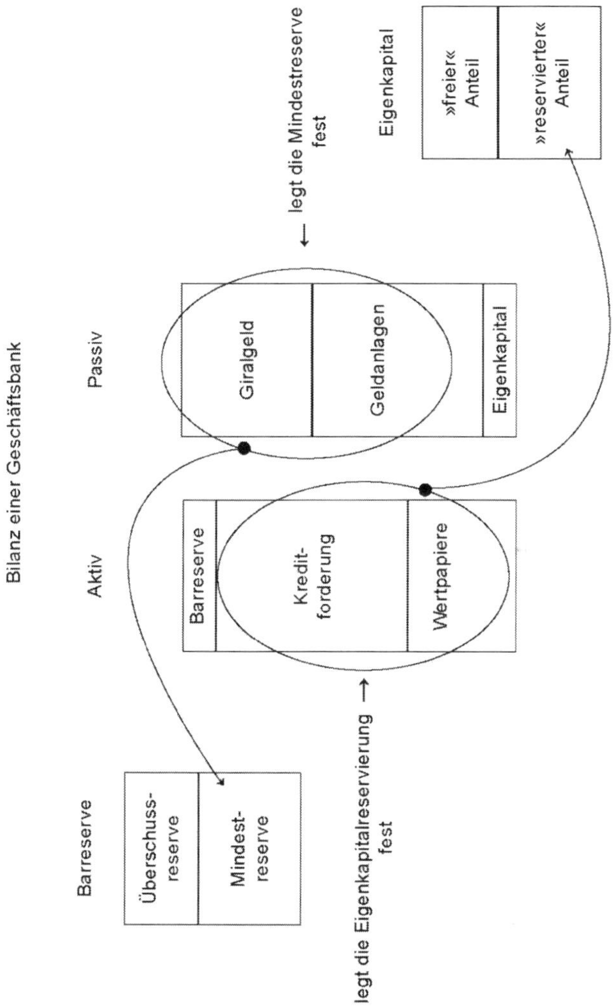

Abbildung 14: Die Bilanz einer Geschäftsbank besteht aus verschiedenen Komponenten, die sich allem Anschein nach selbst regulieren.

Plant die Bank eine Sicherheitsmarge von weiteren 10 Prozent ein, kör nen auf Basis von 20 Prozent immer noch 80 Prozent als Kredite wiede verliehen werden. Ein wesentlicher Gesichtspunkt, der diesen Vorgan rechtlich erst ermöglicht, ist, dass das Zentralbankgeld, im Moment de Bareinzahlung, in den Besitz der Geschäftsbank übergeht!

Die Geschäftsbank kann nun, mit einem kleinen Sockel (im Beispi 1/5), zusätzliches Sichtguthaben schaffen (im Beispiel 4/5 bzw. insgesam das Fünffache!). In der Realität wirkt nach Abzug aller Reserveposten ei Multiplikator-Faktor von etwa zehn. Das bedeutet, dass ca. zehn Prozen Reserven und Eigenkapital gehalten werden. Der Rest, 90 Prozent, wir aus dem Nichts - gegenwertlos -, durch die privaten Geschäftsbanken, i Form von Krediten, vergeben (Abb. 15).

Kurz und knapp:

»Banken kaufen die Welt, mit aus dem Nichts geschöpftem Kredit, der fälschlicherweise als „Geld" bezeichnet wird. Allerdings stellt er nicht mehr als einen Anspruch auf Geld dar.«

Das Fractional Banking bzw. Mindestreservesystem birgt eine weiter große Problematik. Verlieren die Bankkunden nämlich das Vertrauen i das System (oder die Währung), könnte ein Bank-Run drohen. Das bede tet, dass eine große Zahl an Bankkunden Ihr eingelegtes Geld innerhal eines kurzen Zeitraums zurückverlangt. Banken würden in diesem Szena rio sehr schnell zahlungsunfähig werden. Schließlich verfügen sie ja nu über einen Bruchteil des ausgegebenen Kredits in Zentralbankgeld.

Zu einem Bankrott der Banken muss es dennoch nicht kommen. Wah scheinlicher sind Bankschließungen, sogenannte »Bank-Holidays« (z.B. i März 2013 in Zypern), bis neues Zentralbankgeld angeliefert wird, ode sich die Lage beruhigt hat. Banken haben insofern ein Interesse daran, di Gefahren eines Bank-Runs so gering wie möglich zu halten. Der Idealfa wäre daher die komplette Abschaffung des Bargeldes. Jedweder Zahlung verkehr liefe dann elektronisch, wäre perfekt zu überwachen und private

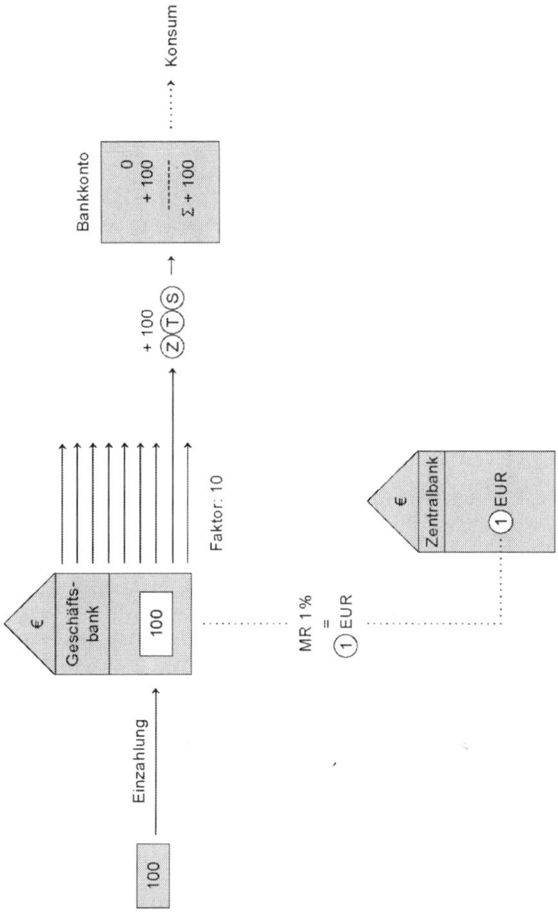

Abbildung 15: Für 100 EUR Fiatgeld muss die Geschäftsbank nur 1 EUR als Mindestreserve (MR) bei der Zentralbank EZB hinterlegen. Den Rest kann sie dann, nach Abzug der Barreserve (BR), problemlos als Kredit weiterverleihen - ganz einfach durch eine Gutschrift auf das entsprechende Bankkonto. Auf die verliehenen Kredite bekommt sie dann, neben der Tilgung, erneut Zinszahlungen und hat Anrecht auf die Sicherheit bei Kreditausfall. In der Regel kommt außerdem das verliehene Geld im Laufe der Zeit ohnehin zur Bank zurück (als Einlage eines anderen Kunden) und kann dann, nach Abzug der MR und BR, erneut verliehen werden.

Geschäftsbanken könnten noch mehr Kredite vergeben.

Die Giralgelderzeugung wird aber durch die Eigenkapitalquote noc zusätzlich begrenzt. Sie muss ein bestimmtes Verhältnis zur Quantität de vergebenen Kredite der Geschäftsbanken aufweisen.

Zusammenfassung

- Privatbanken schaffen durch Kreditvergabe aus dem Nichts Anspri che auf Geld (Sichtguthaben). Das bezeichnet man als Giralgeldschöpfun Basis sind die gesetzliche und die banktechnische Mindestreserve. Ein Vie faches der Reserve kann von den Banken verliehen werden.
- Im Moment der Einzahlung von Bar- bzw. Zentralbankgeld geht diese noch gesetzliche Zahlungsmittel in den Besitz der Bank über. Dort wird e in Buchgeld übertragen, das kein gesetzliches Zahlungsmittel mehr da stellt.

Eigenkapitalquote

Neben dem Mindestreservesatz ist, insbesondere im Rahmen von »Stresstests« der Geschäftsbanken, auch von Eigenkapitalquoten die Rede. Eigenkapital unterscheidet sich grundlegend von der Mindestreserve. Sie sind eine zusätzliche Beschränkung der Giralgeldschöpfung.

Wir möchten den Unterschied anhand einer Abbildung verdeutlichen (Abb. 14). Sie soll zeigen, dass sich die Mindestreserve nur auf das angelegte, bzw. deponierte Geld der Kunden (die Passivseite der Bank) bezieht. In der Bilanzsprache ist die Passivseite durch Verbindlichkeiten des Schuldners gegenüber dem Gläubiger charakterisiert. Für die Banken sind angelegte Gelder, die Guthaben der Kunden (Konzerne, Unternehmen, Privatpersonen oder andere Banken), Verbindlichkeiten. Dieser Betrag legt die Mindestreserve fest. Das heißt, die Bank muss davon ein Prozent bar bei der Zentralbank vorhalten. Hier spricht man von der Barreserve, die sich aus Mindestreserve und etwaiger Überschussreserve, also im Wesentlichen der banktechnischen Mindestreserve, an Bargeld zusammensetzt.

Auf der Aktivseite der Bilanzen befinden sich die Forderungen gegenüber Kunden in Form von Krediten und Wertpapieren. Dieser Anteil legt den Eigenkapitalanteil fest. Eigenkapital setzt sich aus zwei Hauptblöcken zusammen. Dem haftenden Eigenkapital, also eingezahltem Eigenkapital, Gebäude und Inventar, Rücklagen und Gewinne – sogenanntes Kernkapital sowie dem Ergänzungskapital und Drittrangmittel, also anteiligem Gewinn und kurzfristige Verbindlichkeiten. Laut durchgeführtem »Stresstest« war die Eigenkapitalquote bei fast allen großen europäischen Banken viel zu gering, obwohl die Anforderungen bei aberwitzig niedrigen zwei Prozent lagen! Darin liegt auch der Grund der Überarbeitung der Eigenkapital-Regelungen und der sukzessiven Anhebung auf sieben Prozent bis 2019, die Anfang 2013 in Kraft traten.

Das Eigenkapitalproblem der Banken ist simpel. Wenn Kreditnehmer ausfallen, wie 2008 durch die Subprime-Krise in den USA (damals wurden Kredite an jedermann – egal wie schlecht die Bonität war – ausgegeben), oder die Bewertung von Aktien plötzlich dramatisch fällt, reicht das Eigenkapital der Banken nicht mehr aus, um den Verlust zu kompensieren.

Damit müssten sie Bankrott anmelden. Viele Banken sind jedoch berei systemisch relevant geworden. Würden sie pleite gehen, könnte das eine Dominoeffekt auslösen, der das ganze Finanz- und Bankensystem in de Abgrund reißen könnte. Deshalb sind die Regierungen in Krisenzeite praktisch gezwungen, privaten Geschäftsbanken mit Steuergeldern unte die Arme zu greifen (sei dies in Form von Garantien oder Beteiligunge wie z.B. bei der Hypo Real Estate).

Zusammenfassung

- Die Eigenkapitalquote begrenzt die Giralgeldschöpfung zusätzlich. U wirkliche Stabilität zu gewährleisten ist sie allerdings deutlich zu gering.
- Zu viele private, gewinnorientierte Geschäftsbanken sind bereits systen relevant geworden!

Staatsanleihen

Neben ihrer Funktion als „Finanz-Feuerwehrmänner“ in Krisenzeiten sind Staaten auch für das Geldsystem von großer Wichtigkeit. Sie finanzieren sich über die Ausgabe von Staatsanleihen. Anleihen sind Schuldverschreibungen. Durch Kauf eines solchen Papiers borgt man dem Staat Geld. Die zu erwartenden Zinsen sind abhängig von der Kreditwürdigkeit (sog. Bonität) des Landes, die hauptsächlich aus Schuldenstand, Stabilität und Haushaltslage des Landes ermittelt wird.

Es sind die drei umstrittenen, privaten US-amerikanischen Rating-Agenturen Moodys, Fitch und Standard&Poors, die das Zahlenwerk erstellen. Sie beeinflussen durch Änderungen der Bonität direkt den Zinssatz der Staatsanleihen der betreffenden Länder.

Exkurs: Rainer Zufall erwirbt auf dem Anleihenmarkt eine deutsche Staatsanleihe mit dreijähriger Laufzeit. Als sichere Anlage verspricht sie ihm 2 Prozent Zinsen pro Jahr. Rainer, der ja auch Kuh Elsa durchfüttern muss, denkt, 2 Prozent sind besser als gar nichts. Eines ruhigen Abends, nachdem Rainer den Stall ausgemistet und sich zu Feierabend-Bier niedergelassen hat, kommt er ins Grübeln. Er stellt sich die Frage: »Woher nimmt der Staat das Geld, um mir meine Zinsen zu zahlen?« Der Flaschengeist flüstert ihm zu: »Aus den Steuereinnahmen des Volkes natürlich, du alter Bauer!« Rainer macht das stutzig: »Aber das Volk bin doch ich!« Der wissende Flaschengeist schreit Rainer ins Ohr: »Deshalb bist du ja auch der Bürger Rainer! Du bist gleichzeitig Gläubiger, Schuldner und bürgst für deine eigenen Zinsen.« Das haut Rainer fast vom Hocker. Er zahlt sich als Besitzer einer Staatsanleihe seine Zinsen also selbst. Für alle Nicht-Besitzer von Staatsanleihen sieht es noch schlechter aus. Sie dürfen lediglich für die Zinsen der anderen bürgen und per Steuer bezahlen (Abb. 16).

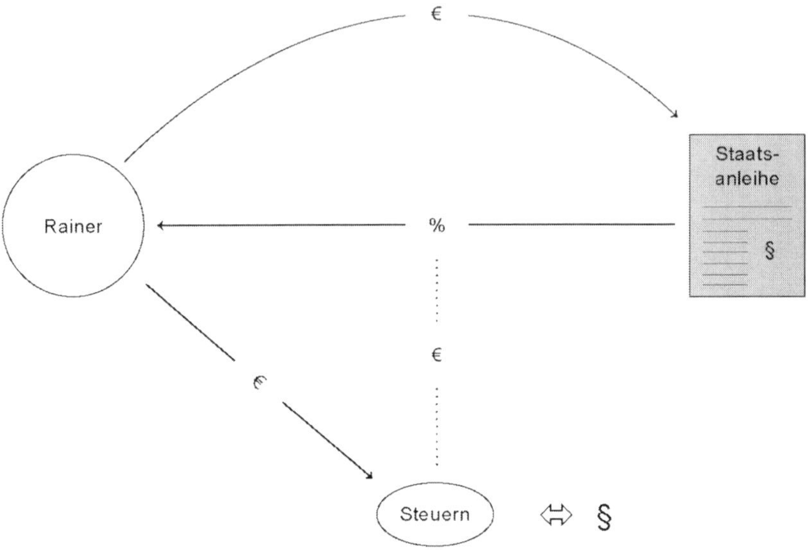

Abbildung 16: Wenn Rainer in eine Staatsanleihe investiert, zahlt er sich im Endeffekt über die Steuern seine Rendite selbst.

Der Handlungsspielraum der Regierung für die Verwendung der übrigen Staatsausgaben wird durch den Schuldendienst zunehmend eingeschränkt. Ließe man die Inflation – den Kaufkraftverlust – außen vor, wäre das durchaus ein lohnendes Geschäft. Beträgt aber die tatsächliche Inflation mehr als zwei Prozent, dann ist der Kauf von Staatsanleihen (z.B. deutscher Staatsanleihen, die meist unter zwei Prozent verzinst werden) trotzdem ein Verlustgeschäft! Selbst die offiziellen Zahlen der Inflation befinden sich meist über zwei Prozent. Rainer hat in unserem Beispiel also einen realen Kaufkraftverlust zu beklagen!

Kauft er z. B. eine Staatsanleihe mit einjähriger Laufzeit für 100 EUR Nominalwert, würde er nach einem Jahr 102 EUR zurückerhalten. Beläuft sich die Inflation im selben Zeitraum auf drei Prozent, dann sind 100 EUR nach Ablauf der Zeit nur noch 97 EUR wert, Rainer kann anschließend durch die erlittene Inflation nur noch für 99 EUR einkaufen, obwohl er 100 EUR verliehen hat.

Die Geschäftsbanken auf der anderen Seite haben es wesentlich einfacher und gewinnen, wenn sie sich Staatspapiere kaufen. Diese können sie dann bei der Zentralbank als Sicherheit hinterlegen und sich zusätzliches Zentralbankgeld leihen, welches sie dann wiederum - zum Beispiel an die Staaten - weiterverleihen können. Der Zinssatz, zu dem sich Banken in Europa Geld bei der EZB borgen können, der sogenannte Leitzins, beträgt (Stand 2018) 0,00 Prozent! Die EZB hat mit ihrer expansiven Geldpolitik und der Senkung des Leitzinses von 0,05 auf 0,00 Prozent sogar die USA, besser gesagt die Fed, überholt!

Banken können sich bei der EZB somit gratis Geld leihen und gegen Zins an private und öffentliche Haushalte oder Unternehmen weiterverleihen. Privatbanken leihen dem Staat Geld, indem sie Staatsanleihen ankaufen. Sie sind die größten Financiers der Staaten. Dies geschieht zu einem Zinssatz, der landesunterschiedlich ist, aber für gewöhnlich immer deutlich über dem Leitzins liegt. Die Ausnahme bildete eine kurze Zeit, bei der einige Staatsanleihen, zum Beispiel zehnjährige Deutsche und Schweizer Staatsanleihen, negativ notierten.

Grund dafür war das Staatsanleihenankaufprogramm der EZB. Diese kaufte in großem Stil Staatsanleihen und andere Vermögenswerte auf und presste so massenhaft Liquidität in die Märkte - zu Stoßzeiten über 80 Mrd. Euro pro Monat! Als offizieller Grund wurde angegeben, dass dadurch die Inflation in der Realwirtschaft und die Kreditvergabe an Unternehmen angekurbelt werden soll. Das Programm ist Ende September 2018 auslaufen. Durch die hohe Nachfrage an Staatsanleihen von Seiten der EZB wurden die Zinssätze extrem gedrückt, so dass sich die europäischen Staaten zu einem viel niedrigeren Zinssatz verschulden konnten, als es eigentlich möglich gewesen wäre. Davon haben sie - gebeutelt von der Finanzkrise - reichlich Gebrauch gemacht, sodass die Staatsschuldenquote in den meisten europäischen Ländern stark gestiegen ist.

Private Geschäftsbanken verfügen über ca. 50 bis 60 Prozent aller Staatsanleihen und sind damit die größten Gläubiger des Staates. Die Versicherungsindustrie (insbesondere Lebensversicherungen) garantieren gewisse »sichere« Renditen und investieren deshalb im großen Stil in

Staatsanleihen innerhalb ihrer Portfolios. Diese summieren sich auf ca. 30 bis 35 Prozent. Auch an dieser Stelle ist unsere Aufmerksamkeit gefragt, denn es entstehen Verquickungen von Staaten mit der Banken- und Versicherungswirtschaft. Daraus können Zugeständnisse resultieren. So garantieren Banken und Versicherungen zum Beispiel weiterhin den Ankauf deutscher Staatsanleihen, wenn der Bund im Gegenzug die Steuern im Banken- und Versicherungswesen senkt oder bestimmte regulierende Gesetze lockert. Die privaten Haushalte und Unternehmen hingegen halten weniger als 10 Prozent aller sich im Umlauf befindlichen Schuldverschreibungen der Staaten.

Wir wollen dieses Kapitel mit einer Frage abschließen, die in der öffentlichen Debatte gänzlich fehlt und/oder verbannt wird. Warum leihen die Zentralbanken den Staaten Geld nicht einfach direkt (und warum nicht sogar zinsfrei)?

Damit würde ein großer Teil der Zinslast für Staaten - und damit uns alle als Steuerzahler - entfallen! Schließlich sind Zinszahlungen unter den Top 3 der größten Haushaltsposten in der Bundesrepublik. Dieses Geld könnte man in Bildung, Soziales oder in Forschungen für nachhaltiges Wirtschaften stecken. Zugleich würde man damit die Macht der privaten Geschäftsbanken einschränken und zudem die Ansteckungsgefahren durch ihre Systemrelevanz minimieren.

Zusammenfassung

- Staaten refinanzieren sich über die Emission von Staatsanleihen. Der Großteil wird von privaten Banken und Versicherungen gekauft und gehalten. Verquickungen zwischen Staat und Privatwirtschaft sind möglich.
- Private Rating-Agenturen bestimmen über die Bonitätsbewertung von Staaten. Das hat Auswirkungen auf die Zinssätze, über die sie sich refinanzieren. Die Refinanzierung erfolgt jedoch größtenteils durch private Banken, die sich das Geld wiederum deutlich günstiger bei der Zentralbank leihen und per Kreditvergabe (per Bilanzverlängerung) multiplizieren und weitergeben.

Geldmenge

Die EZB hat durch den Aufkauf von Anleihen finanziell maroder Euroländer in jüngster Vergangenheit Staaten direkt vor der Pleite bewahrt. Die Euro-Geldmenge wurde Mitte 2012 in Sekundenschnelle um fast eine halbe Billion Euro erhöht. Dabei ist zu bedenken, dass bei Geldschöpfung durch die Zentralbank immer nur der Betrag geschöpft bzw. gedruckt wird, der später als Mindestreserve der Geschäftsbanken fungiert. Auf die Euro-Krise gehen wir später noch gesondert ein. Nicht weniger problematisch ist die Verwendung von Staatsanleihen als Sicherheit.

Beispiel: Eine Geschäftsbank erwirbt spanische Staatsanleihen mit zehnjähriger Laufzeit. Dafür erhält sie eine Rendite von ca. sieben Prozent im Jahr. Durch einen einfachen Trick kann die Bank im Handumdrehen noch mehr Geld freisetzen. Sie hinterlegt diese Staatsanleihen bei der EZB als Sicherheit. Zwar ist ein kleiner Abschlag fällig, der so genannte Risikopuffer, aber für einen Nominalwert von einer Milliarde Euro erhält die Bank nichtsdestotrotz 950 Millionen Euro Kredit. Diesen kann sie wieder gegen Zins an die Wirtschaft verleihen. Die Geschäftsbank erhält also doppelt Geld, die Zinsen aus den Staatsanleihen und die Zinsen aus dem Verleihgeschäft. Das Risiko trägt die Zentralbank und damit im letzten Schritt ein weiteres Mal der Bürger. Geldschöpfung 2.0.

Fallen die Kurse dieser Anlagen oder Aktien, die die Bank auf Ihre Vermögensseite stellt, dann ergeben sich in den Büchern der Banken plötzlich riesige Löcher. Nun reicht, wie weiter oben beschrieben, die Eigenkapitalquote der Banken nicht mehr aus. Diese müssen dann - wie bereits angedeutet - durch Garantien vom Staat, also uns allen, »gerettet« werden. Daraus entstand auch der Ausdruck »too big to fail« – zu groß zum Scheitern. Die Gefahr eines Scheiterns sind die Ansteckungseffekte, die das nach sich ziehen könnte. Dies gilt auch für die volkswirtschaftlich »schwächeren« Staaten im Euroraum. Weitere Banken gingen pleite, Investitionen in die Wirtschaft wären nicht mehr möglich; die Nachfrage sinkt; Arbeitsplätze gingen verloren; Volkswirtschaften würden schlicht kollabieren. Wenn man sich die Verschuldungsquote der USA von ca. 108 Prozent des BIP ansieht, sind dies (Stand 2017) gut 19 Billionen US-Dollar. Hierbei handelt es sich leider »nur« um die expliziten Staatsschulden. Allein diese wachsen in den USA rasant an: In Q3-2017 um ganze 1.651,6 Mrd. US-Dollar.

Exkurs: Explizite Staatsschulden sind Verbindlichkeiten, die sich aus Krediten und Anleihen ergeben. Die impliziten Staatsschulden ziehen jedoch auch künftig fällig werdende Pensions- und Rentenzahlungen mit ein. Diese Berechnungen vervielfachen die Zahl der expliziten Schulden und werden in den USA auf über 200 Billionen US-Dollar (so Ökonomie-Professor Laurence J. Kotlikoff von der Boston University, 2015) geschätzt! In Deutschland scheint die Situation nicht ganz so hoffnungslos, trotzdem schätzt die Stiftung Marktwirtschaft (2017) die implizite Staatsschuld auf etwa 78 Mrd. Euro. Die Schätzungen der expliziten Staatsschuld belaufen sich auf 68 Mrd. Euro!

Alleine die explizite Verschuldung aller Regierungen addiert, lag 2017 schätzungsweise bei 63 Billionen US-Dollar. Die explizite »Erdverschuldung« – nur die »offiziellen«, sprich veröffentlichten Zahlen der Verschuldung von Staaten, Unternehmen, privaten Haushalten und Finanzsektor lag 2014 bei ca. 200 Billionen US-Dollar! Der Spiegel titulierte passend: »Die Welt versinkt in Schulden.« An dieser Stelle muss man anmerken, dass Schätzungen zufolge die gesamte Geldmenge der Erde (M1) das Weltsozialprodukt um das fünfunddreißigfache übersteigt. Zahlen zeigen, dass nur etwa drei Prozent der weltweit existierenden Geldmenge tatsächlich in der Realwirtschaft zirkuliert. Die übrigen 97 Prozent suchen in den nebulösen Sphären der spekulativen Finanzmärkte nach möglichst hoher Rendite. Die Geldmenge findet offensichtlich in der Realwirtschaft keine Entsprechung mehr. Das macht auch deutlich, warum Krisen und Zusammenbrüche auf den Finanzmärkten solch fatale Auswirkungen auf die Realwirtschaft haben!

Zusammenfassung

- Die »offizielle« Geldmenge, die durch die Zentralbanken geschöpft wird, ist immer nur ein Teil dessen, was daraus durch Giralgeldschöpfung der Privatbanken gehebelt werden kann.
- In der Realwirtschaft zirkulieren nur ca. drei Prozent der gesamten Geldmenge, der Rest wuchert sich durch die Finanzmärkte.
- Staatsschulden werden stets nur explizit ausgewiesen, die impliziten Schulden übersteigen sie in der Regel um ein Vielfaches!

Zins und Zinseszins: Fluch oder Segen?

Bevor wir uns mit dem Zins auseinandersetzen, wollen wir ihn kurz definieren. Somit beugen wir Verwirrungen, wie sie beim Geldbegriff herrschen, vor. Laut Wikipedia ist der...

...»Zins (von lat. Census, Vermögensschätzung) [...] das Entgelt für ein über einen bestimmten Zeitraum zur Nutzung überlassenes Sachgut oder Finanzinstrument (Geld), das der Empfangende (Schuldner) dem Überlasser (Gläubiger) zahlt.«

Das klingt zwar logisch, ist jedoch nur eingeschränkt richtig, denn die Definition setzt Geld mit Sachgütern gleich. Wir haben aber im Kapitel „Was ist Geld?" bereits festgestellt, dass Geld allen Sachgütern deutlich überlegen ist und der Vergleich daher hinkt. Ein Entgelt für Sachgüter zu verlangen macht Sinn, da sich diese im Zeitverlauf abnutzen oder verderben können. Das gilt neben natürlichen auch für technische Sachgüter, da diese durch den technischen Fortschritt einen Wertverlust erleiden. Betrachtet man die Tatsache, dass das Entgelt für ein Sachgut als eine Entschädigungsgebühr für die Abnutzung und den Verzicht zu verstehen ist, scheint der Erhalt von Entgelt für Finanzinstrumente (Geld) - das sich weder abnutzen noch verderben kann - schon nicht mehr so fair.

Der Zins ist jedoch dahingehend gerechtfertigt, weil Geld durch Inflation im Laufe der Zeit an Wert verliert und man diesen Wertverlust durch Weitergabe ausgleichen kann. Dr. Matthias Kleespies definiert den Geldzins daher als den »[...] Überschuss, der auf das Grundkapital entrichtet oder eingenommen wird.« Dem Zins kommt zudem die Aufgabe zu, die Umlaufgeschwindigkeit des Geldes zu erhöhen. Waren und Dienstleistungen werden nur solange nachgefragt, wie sich Geld im Umlauf befindet und werden umso mehr nachgefragt, je schneller das Geld umläuft. Der Zins bewirkt, dass Geld morgen weniger wert ist als heute und soll den Konsumenten dazu motivieren, das Geld so schnell wie möglich wieder auszugeben. Das hält das Hamsterrad der Wirtschaft nicht nur am Laufen, sondern beschleunigt es sogar.

In allen alten Traditionen und Schriften sind daher wohl auch Aussagen über das Zinswesen vorhanden. Ob in der Bibel des Christentums, dem Talmud des Judentums, dem Koran des Islams oder den vedischen Lehren der Bhagavad-gita; in diesem Punkt sind sich die Weltreligionen ausnahmsweise einig: In Ihren Schriften plädieren alle für ein Zinsverbot. Man soll keine Zinsen nehmen und keinen Wucher treiben. Der Hintergrund könnte wie folgt lauten: Zinsen sind des Einen arbeitsloses Einkommen, während Dein Nächster diese Zinsen durch seiner Hände Arbeit erwirtschaften muss. Aristoteles (384 v.Chr.–322 v.Chr.) hat es folgendermaßen ausgedrückt:

»Das Geld ist für den Tausch entstanden, der Zins aber weist ihm die Bestimmung an, sich durch sich selbst zu vermehren. Daher widerstreitet auch diese Erwerbsweise unter allen am weitesten dem Naturrecht.«

Entgegen uralten Ratschlägen scheint der Zins in unserem herrschenden Wirtschaftssystem jedoch Dreh- und Angelpunkt und oberstes Ziel geworden zu sein. Er ermöglicht es uns, Dinge zu erwerben, die wir uns gerade eigentlich gar nicht leisten könnten. Geldschöpfung gegen Zins verlagert Leistungen damit in die Gegenwart, die eigentlich erst in der Zukunft anfallen würden. Prof. Dr. Nico Paech bezeichnet diesen Prozess als „zeitliche Entkopplung" (siehe Kapitel Wirtschaftswachstum und Ökologie).

Welche Auswirkungen zieht ein verzinstes Schuldgeldsystem nun nach sich?

Die Zinsproblematik ist deshalb so prekär, da sie sich durch den Zinseszins akkumuliert. Um das Wachstum der Geldmenge, Vermögen und Schulden zu veranschaulichen, ziehen wir wieder unseren Freund Rainer Zufall hinzu:

Nehmen wir an, der Ur-Ur-Ur-Ur-Ur-Ur-Ur-Ur-Ur-Großvater von Rainer Zufall – Rainer Pfiffig – hätte im Jahre Null für dessen Nachfahren einen einzigen Cent angelegt. Pfiffig war clever und verstand es, einigermaßen zu feilschen. Er konnte also bei der örtlichen Bauernbank einen Zinssatz von fünf Prozent aushandeln. Die Zugangsdaten zum Geheimsafe werden über Generationen von Papa Rainer zu Sohn Rainer weitergegeben. Heute, 2018, erinnert sich Rainer Zufall an das Konto und sucht aufgeregt das uralte Dokument. Auf dem Dachboden seines Kuhstalls wird er fündig. Sein Herz springt ihm fast aus der Hose, so aufgeregt ist er. Rainer sprintet zum Computer und fährt ihn hoch. Dann loggt er sich auf den Online-Account der Bauernbank ein. Die Zahl die er erblickt ist so groß, dass er einen Nervenzusammenbruch bekommt und der Computer explodiert. Wie viel Geld mag sich nur angesammelt haben?

57.544.725.553.442.900.000.000.000.000.000.000.000.000,- EUR (= 57 Sechstilliarden EUR), eine 57 mit 39 Nullen! Anders ausgedrückt ca. 77 Milliarden Erdkugeln oder anders ausgedrückt ca. 58.432 Sonnen aus purem Gold! Für alle die den Rechenweg vergessen haben oder ungläubig anzweifeln: Es handelt sich hierbei um eine Exponentialfunktion, deren Berechnung ziemlich simpel ist. Die allgemeine Formel zur Berechnung des Zinseszinses lautet:

$$K * \left(1 + \frac{p}{100}\right)^{x}$$

p = Zins
K = Ausgangskapital
x = Jahre

Interpretiert: Ausgangskapital mal (Kontostand nach einem Jahr in Prozent) hoch die Anzahl der Jahre, die angelegt wird.

Zur Veranschaulichung: Im Jahre 95 wäre ein Euro hinzugekommen, sprich das Startkapital hat sich nach 95 Jahren verhundertfacht. Im Jahre 142 wären es 10 EUR gewesen. Im Jahre 378 wären daraus bereits eine Million Euro geworden! Bereits um das Jahr 700 wäre alles Gold der Welt aufgebraucht! Etwa im Jahre 1500 ist das erste Erdgewicht in Gold entstanden. 1929 sind es dann eine Milliarde Erden aus purem Gold gewesen. Und heute, 2018, sind aus einem einzigen Cent etwa 77 Milliarden Erdkugeln aus purem Gold geworden!

Diese Zahlen kann sich wirklich niemand vorstellen. Dieses Beispiel berücksichtigt natürlich keine Währungsreformen, Kriege oder die jährliche Inflation. Trotzdem ist die Zahl faszinierend und beeindruckend. Sie dient hervorragend dazu, den exponentiellen Charakter des Zinseszinses zu verdeutlichen. Wäre nun, über Generationen hinweg, Jahr für Jahr, einer der Rainer-Dynastie zur Bank gegangen und hätte den Zins abgeholt – den Cent aber auf dem Konto stehen gelassen, wie viel wäre daraus bis heute an Zinsgewinnen abgehoben geworden?

*2018 * 0,05 = 100,90 Cent, also gut ein Euro.*

77 Milliarden Erdkugeln zu einem Euro ist der kleine, aber unglaubliche Unterschied zwischen Zins und Zinseszins (Abb. 17).

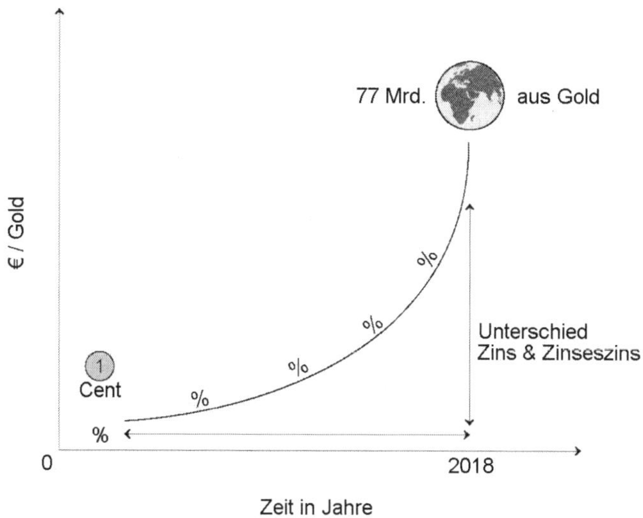

Abbildung 17: Der »Rainercent« würde, bei einem Zinssatz von 5% angelegt im Jahre Null, bis heute das Äquivalent von 77 Mrd. Erdkugeln aus purem Gold erzeugen.

Ein ähnlich beeindruckendes Beispiel ist folgende Rechenaufgabe:

Rainer Zufall wird befördert. Er soll Oberkuhmelker in der Methan-Milch GmbH mit einem Einjahresvertrag werden. Sein künftiger Chef fragt ihn nach dessen Gehaltsvorstellung. Da Rainer das exponentielle Wachstum verstanden hat, schlägt er seinem Chef folgendes vor. »Ich möchte nicht viel. In der ersten Woche verlange ich nur einen Cent. Anschließend verdoppeln Sie mein Gehalt jede Woche. Also zwei Cent in der zweiten Woche und vier Cent in der dritten usw. Ein Jahr lang. Wenn Sie nicht einverstanden sind, verlange ich 1.000 EUR pro Woche!«

Welches Gehaltsmodell wird der Chef der Methan-Milch GmbH Rainer zugestehen? Vermutlich Nummer eins. Rainer Zufall würde durch seine Cleverness zum reichsten Mann im Universum werden. In nur einem Jahr wäre er um stolze 22,5 Billionen Euro reicher! Im Gegensatz dazu hätte Rainer bei 1.000 EUR pro Woche am Jahresende »lediglich« 52.000 EUR verdient. Bereits in der 23. Woche hätte Rainer also mehr verdient als im anderen Gehaltsmodell nach einem ganzen Jahr!

Langsam bekommt man einen Eindruck davon, welche Kraft der Zinseszins über die Zeit entwickeln kann. Das zu verstehen kann das (finanzielle) Leben im herrschenden System durchaus erleichtern. Darauf gehen wir in unserem zweiten Buch näher ein, indem wir möglichst nachhaltige Wege aufzeigen, den Zinseszins-Mechanismus zum eigenen Vorteil zu nutzen. Bleiben wir aber bei den Auswirkungen für das Geldsystem. Abbildung 18 zeigt das Geldmengenwachstum bei fünf Prozent Zinsen. Anders interpretiert zeigt sie die wachsende Verschuldung. Zur Erinnerung: Schulden und Guthaben sind ein- und dasselbe.

Im Prinzip sind alle Guthaben der Welt Schulden. Somit zeigt sich, dass sich durch den Zinseszins auch Schulden - solange sie (inklusive des Zinses) nicht zurückgezahlt werden - schnell zu großen Beträgen anhäufen können! Das verdeutlicht wie schnell es jedermann in die Schuldenfalle treiben kann und wie schwierig es anschließend ist, die steigende Schuldenlast zurückzubezahlen. Der Zins führte auch unter der Verwendung von Gold und Silber als Zahlungsmittel zu Problemen. Der Zins bedingte einen Anstieg der Nachfrage. Die Gold- und Silbermenge reichte nicht mehr aus.

Angesichts dessen kam es turnusmäßig zu einem bedrohlichen Anstieg der Preise.

Regelmäßige Währungsreformen, heute spricht man von Schuldenschnitten, waren die einzige Lösung. Diese Währungsreformen (Vernichtung von Guthaben und Schulden) treten im Übrigen in höchst präzisen zeitlichen Abständen auf. Man schätzt sie im Durchschnitt auf alle 60 bis 80 Jahre (1696 - die englische Geldkrise; 1873 - der Wiener Börsenkrach; 1929 - der Schwarze Freitag; 2008 - die Pleite von Lehman Brothers).

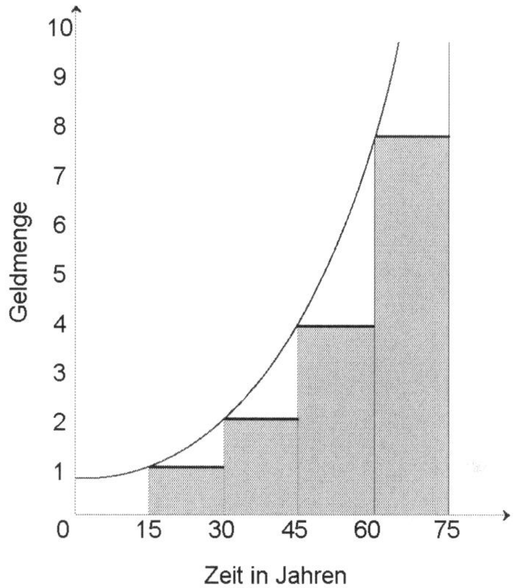

Abbildung 18: Die Geldmenge verdoppelt sich bei 5% Zinsen alle 15 Jahre.

Nun existiert nicht nur der offensichtliche Zins, sondern den „Ottonormalrainer" treffen vor allen Dingen die versteckten Zinsen. Die meisten vergessen oder haben noch nie bemerkt, dass sie im täglichen Leben, und zwar bei jedem (Ein-)Kauf, Zinsen bezahlen. Auch Rainer und seiner Frau Totala geht es so. Sie bezahlen Tag auf Tag die Zinsen der anderen. Überwiegend sind es Unternehmen, wie das des reichen Karl Kulation, die zur Vorfinanzierung von Produktion, Maschinen, Lagerhallen, der Pacht oder von Mieten Kredite aufgenommen haben. Die anfallenden Zinsen kann Karl Kulation aber nicht allein vom Gewinn abzweigen, sonst bleibt nicht genügend für seine Mitarbeiter und sich selbst! Somit preist Herr Kulation den Zins, der auf den Unternehmenskrediten lastet, einfach in seine Produkte ein. Anders ausgedrückt überlässt er die Bezahlung des Zinses dem Konsumenten. Auf Produkten lasten also nicht nur Arbeitskosten, sondern auch Kapitalkosten. Schätzungen zeigen, dass sich dieser sogenannte Kapitalanspruchsanteil im Schnitt auf knapp 40 Prozent beläuft!

Nun wird immer deutlicher, weshalb der Großteil der Bevölkerung die großen Verlierer dieses Systems sind. Das sind und bleiben sie solange, wie sie mehr (versteckte) Zinsen zahlen, als sie auf der anderen Seite durch Ein- und Anlagen (falls vorhanden) einnehmen. In Abbildung 19 geht eindeutig hervor, dass (Stand 2010) von zehn Haushaltsgruppen nur die Gruppen Neun und Zehn, mit den höchsten Einkommen, mehr Zinserträge als Zinsabgaben zu verzeichnen haben. Diese Untersuchungen verdanken wir dem Geldanalytiker Helmut Creutz, der uns mitgeteilt hat, dass (Stand 2016) mittlerweile nur noch bei Gruppe Zehn Zinseinkommen Zinsausgaben übersteigen.

Es scheint sich eine immer kleinere Minderheit von immer reicher werdenden Superwohlhabenden herauszubilden. Diese Haushaltsgruppe macht übrigens deutlich weniger als zehn Prozent der Bevölkerung aus (höchstens drei Prozent).

Als kritische Forscher stellen wir häufig unangenehme Fragen. Daher möchten wir gerne wissen, weshalb überhaupt eine so enorme Spanne zwischen Guthabens- und Schuldzinsen besteht? Heute erhält man auf dem Sparbuch höchstens noch ein Prozent Zinsen - auf dem Tagesgeldkonto eventuell etwas mehr. Nichtsdestotrotz ein sehr geringer Zugewinn im Vergleich zu Schuldzinsen von vier bis 20 Prozent je nach Kreditinstitut und Verschuldungsklasse! Hier kann etwas nicht stimmen! Ein Grund könnte die Giralgeldschöpfung der Privatbanken sein.

Unsere Untersuchungen haben ergeben, dass das angelegte Geld heute, genauer gesagt bereits seit den 80er Jahren, nur noch selten weiterverliehen wird. Auf das auftauchende gedankliche Fragezeichen stellen wir eine Gegenfrage. Wer würde schon jemandem Geld zahlen, damit man dessen Geld weiterverleihen kann, wenn man es einfach und praktisch kostenlos

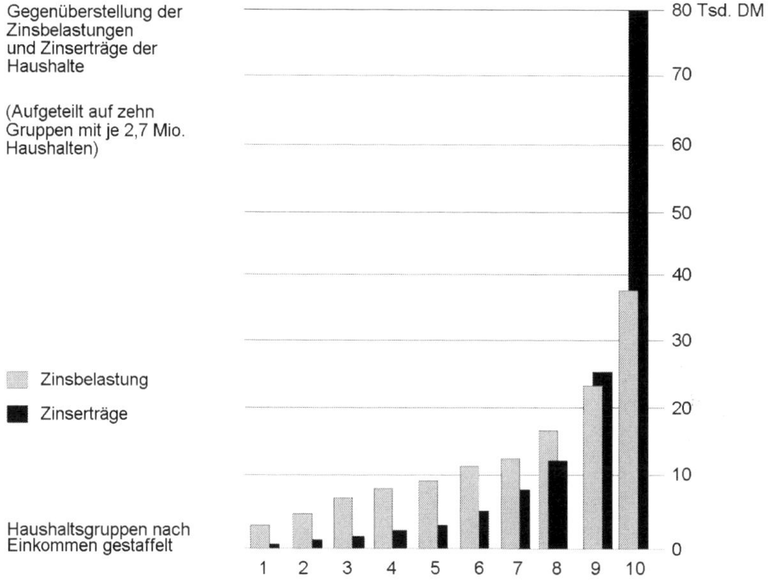

Abbildung 19: In Deutschland profitieren nur die beiden obersten Dezile vom Zinssystem (2010). Die reichsten zehn Prozent erhalten doppelt so viele Zinseinnahmen, als sie Zinsausgaben zu verzeichnen haben. Grafik in Anlehnung an Helmut Creutz' Buch „Das Geldsyndrom".

per Kredit, aus dem Nichts, erzeugen kann? Wir leben in einer Schulden- bzw. Kreditwirtschaft. In den volkswirtschaftlichen Vorlesungen wird trotzdem weiterhin gepredigt, dass Ersparnisse »S« gleich Investitionen »I« seien. Doch das ist, lässt man Überlegungen zur Giralgeldschöpfung der Geschäftsbanken in die Diskussion einfließen, schon lange nur noch graue Theorie. Dennoch wird sie Studenten unvermindert eingetrichtert. Heutzutage werden von Banken quasi ausschließlich aus dem Nichts geschaffene Kredite für Investitionen vergeben.

Zusammenfassung

- Der Zins kumuliert sich über den Zinseszins exponentiell und erzwingt einen wirtschaftlichen Wachstumswahn.
- Der Zins soll dazu dienen, das Geld im Wirtschaftskreislauf zu halten und zu immer schnellerem Konsum motivieren.
- Der Kapitalanspruchsanteil (versteckter Zins) der auf Produkten lastet und bei jedem Einkauf mit bezahlt werden muss, liegt bei ca. 40 Prozent!
- Die volkswirtschaftlichen Lehrbücher bedürfen einer deutlichen Überarbeitung. Seit den 80ern werden überwiegend aus dem Nichts geschaffene Kredite vergeben. Ersparnisse »S« sind schon lange nicht mehr gleich Investitionen »I«! Dies äußerte sogar Herr Bofinger - einer der fünf Wirtschaftsweisen. Nicht zuletzt deshalb trifft die volkswirtschaftliche Modellwelt nicht mehr auf die Realität zu!

Exponentielles Wachstum von Schulden und Guthaben

Das Wachstum der Geldmenge, der Schulden und Guthaben in US-Dollar oder Euro ist exponentiell. Die Exponentialfunktion hat die Eigenschaft, dass sie lange linearem Wachstum ähnelt, doch plötzlich schießt die Kurve annähernd senkrecht in die Höhe. Mediziner wissen, dass sich Bakterien und Krankheiten durch die gleiche Eigenschaft auszeichnen. Dies entspricht leider häufig auch der Beschreibung unseres ungerechten Geldsystems. Die interessante Abb. 20 zeigt den Zinseszinseffekt mit verschiedenen Prozentzahlen.

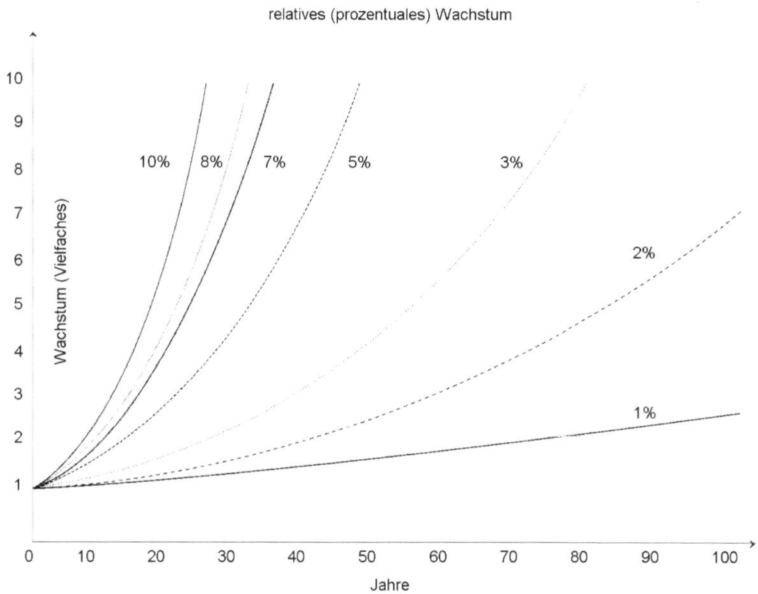

Abbildung 20: Der exponentielle Effekt mit verschiedenen Zinssätzen (Geldmengenwachstum). Bei höherem Zinssatz ist die Verdopplungszeit wesentlich kürzer als bei niedrigem.

Dieselbe Entwicklung zeigt sich bei Schulden und Guthaben, sobald ein bestimmter Punkt durchbrochen ist. In der Fachsprache »Point of no Return« genannt. Der Punkt, ab dem eine Umkehrung unmöglich wird. Dem Argument, dass all das kein Problem sei, solange die Zinsen zurückgezahlt werden können, ist entgegenzustellen, dass das Geld dafür ebenso ausschließlich durch Verschuldung entsteht (siehe Abbildung 21).

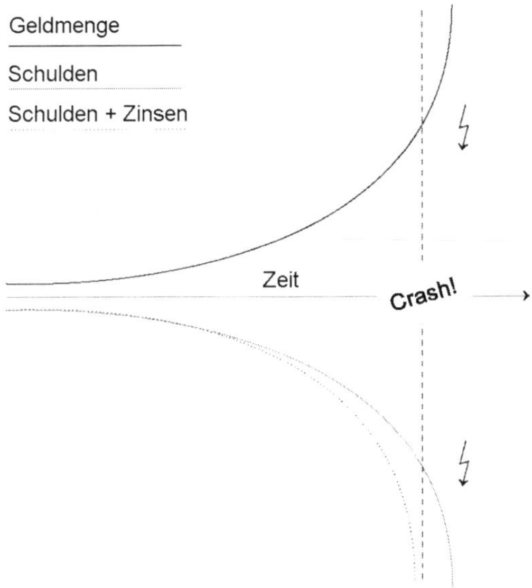

Abbildung 21: Im Zeitverlauf wachsen Geldmenge (Guthaben und Schulden) symmetrisch immer schneller, da exponentiell, an. Durch die Zinsen wird dieser Effekt verstärkt. Es kommt zwangsläufig zu einem Crash, sobald die geforderten Guthabenzinsen nicht mehr aufgebracht werden können.

Die Versuche, Zinsen durch neue Kredite zu bedienen, scheinen ein Ende des Spiels nur hinauszuzögern, bzw. die Fallhöhe weiter anzuheben. Über kurz oder lang wird die Zinslast, die mit Hilfe der Steuereinnahmen bedient werden muss, zu groß (siehe Griechenland). Selbst in Deutschland kämpft die Politik - in Zeiten äußerst niedriger Zinsen und sensationeller Konjunkturdaten - verzweifelt darum, keine neuen Schulden zu machen. Man sieht, wie unmöglich es ist, sich aus dieser misslichen Lage zu befreien

- selbst wenn es gut läuft. Die Folge einer zu hohen Verschuldung (Überschuldung) ist entweder der Bankrott; sprich Teile der Schulden und Guthaben werden gestrichen, oder ein Gönner hilft aus der Misere (und kauft unter Umständen Staatseigentum, was dann veräußert werden muss).

Abbildung 22 zeigt, wie die Geldmenge in US-Dollar – seit 1971 – dramatisch zugenommen hat. Zum besseren Verständnis ist auch die Entwicklung des Goldpreises dargestellt. Der Goldpreis nahm eine analoge Entwicklung zur Geldmenge. Außerdem veranschaulicht sie den Kaufkraftverlust des US-Dollar; er hat seit der Gründung der Fed etwa 99 Prozent verloren! Im Gegensatz dazu hat der Goldwert im gleichen Maße zugelegt. Von einem einstigen Realwert von rund 200 USD auf teilweise 1.800 USD pro Unze! Es ist klar, dass dies den Wertverlust der Währung darstellt, denn eine Unze Gold bleibt immer eine Unze Gold – die Kaufkraft bleibt über die Jahre stabil.

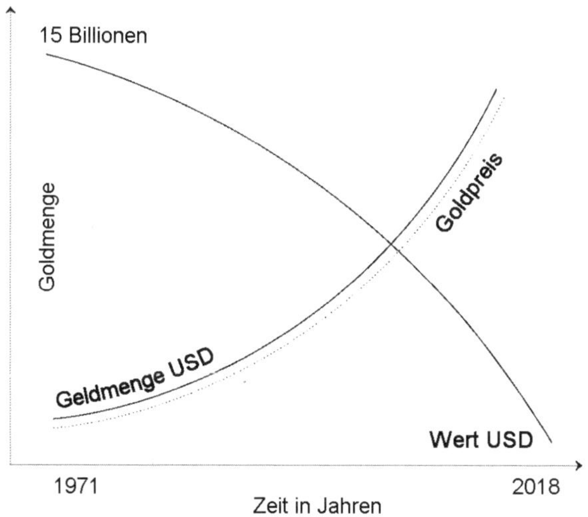

Abbildung 22: Der steigende Goldpreis ist ein Indikator dafür, dass der Wert des USD immer stärker abnimmt. Die Folge der starken Ausweitung der Geldmenge, denn ein Kilo Gold bleibt auch ein Jahrhundert später ein Kilo Gold.

Hätte sich Rainer Zufall noch vor 1971 mit Gold zum Schnäppchenpreis von rund einem Dollar pro Gramm eingedeckt, müsste er heute Kuh Elsa nicht mehr melken, eine »Win-Win-Situation« für beide? Auch der noch sehr junge Euro kann mit dieser Entwicklung mithalten. Allein seit 2008 verlor er mehr als 20 Prozent seiner ursprünglichen Kaufkraft. Seit seiner Einführung sind es deutlich mehr als 60 Prozent! Dies ist auch aus volkswirtschaftlicher und exportorientierter Sicht nur allzu logisch. Schließlich muss er ja mit der niedrigen Kaufkraft des US-Dollar mithalten.

In der auseinanderklaffenden Zinsschere ist auch die Erklärung für die Subprime-Krise in den USA 2008 zu finden. Die Banken waren in der Bedrohung, die exponentiell steigenden Guthabenzinsen nicht mehr bedienen zu können. Zur Lösung des Problems mussten Sie auf der anderen Seite mehr Schuldzinsen einnehmen. Infolgedessen wurden Kredite auch an diejenigen vergeben, die normalerweise nicht als kreditwürdig eingestuft hätten werden dürfen. Das Problem war gelöst, der Guthabenzins floss, die Menschen bauten Häuser, die Wirtschaft war auf ein Neues angeheizt. Kurzfristig. Als immer mehr Kreditnehmer unter der Schuldenlast zusammenbrachen, drohte zahllosen Banken der Bankrott. Sie »mussten« vom Staat, den Bürgern also, »gerettet« werden. Nur der damals größte Konkurrent von Goldman Sachs, Lehman Brothers, wurde unter Federführung von Finanzminister Henry Paulson – Sie erinnern sich, ehemals Goldman Sachs – fallengelassen.

Josef Hüwe:

»Es sind gar nicht primär Konsum- und Gewinnsucht, die den Kapitalismus rastlos vorwärtstreiben, sondern die durch Zins und Zinseszins lawinenartig wachsenden Geldvermögen und ein unerbittlicher Zwang, unter dem die Schuldner stehen, nämlich mit jeder Produktion auch den Zins erwirtschaften zu müssen.«

Zusammenfassung

- Der US-Dollar hat seit dessen Einführung ca. 99 Prozent seiner Kaufkraft verloren. Der Euro bereits deutlich über 60 Prozent!
- Seit den 80er Jahren steigt die Geldmenge exponentiell an.
- Schulden und Guthaben sind zwei Seiten der gleichen Medaille!
- Die Last der Guthabenszinsen zwingt immer mehr Menschen in das Hamsterrad, um diese für einige Wenige zu erwirtschaften.

Wer profitiert und wer verliert ?

»Jeder, der glaubt, dass exponentielles Wachstum in einer endlichen Welt für immer weitergehen kann, ist entweder verrückt oder ein Wirtschaftswissenschaftler.«

KENNETH EWART BOULDING

Eine Medaille hat immer zwei Seiten. Eine »Win-Win Situation« wie bei Rainer und Kuh Elsa gibt es in der herrschenden Wirtschaftsordnung leider nur sehr selten. In der Regel kann man auch bei Win-Win Situationen Verlierer ausmachen. Häufig ist das der soziale Bereich in der Bevölkerung, oder die Natur.

Bevor wir einen breiteren Blick auf die Konsequenzen richten, die das Geldsystem mit sich bringt, fokussieren wir uns zunächst noch einmal auf die wichtigsten Wirtschaftsteilnehmer und Finanzsysteme. Schließlich ist gerade der angelsächsische Kapitalismus dafür bekannt, besonders aggressiv und daher besonders erfolgreich zu sein. Da er außergewöhnlich hohe Renditen verspricht, verdrängt er die bis dato vorherrschende Soziale Marktwirtschaft immer weiter. Der Horizont wird immer kurzfristiger und orientiert sich immer stärker an den Kapitalgebern - die sogenannten Shareholder.

Wer sind nun die wahren Gewinner und wer die Verlierer dieses Finanz- und Geldsystems? Dieser Frage gehen wir in den folgenden Kapiteln nach.

Ohne Schulden kein Wirtschaftswachstum

Politische Diskussionen über die Finanzierung des Staatshaushaltes sind nicht nur bei uns an der Tagesordnung. Und nicht nur der deutsche Staat hat jedes Jahr, nachdem Bilanz gezogen wurde und der Haushaltsplan für das kommende Jahr festgelegt wird, nahezu unüberwindbare Probleme sich nicht erneut zu verschulden. Aber warum verschuldet sich der Staat überhaupt? Schulden stellen angeblich die Voraussetzung für einen Wohlfahrtsstaat wie Deutschland dar. Schulden kreieren Wirtschaftswachstum. Besser gesagt: Staaten induzieren durch Kreditaufnahme künstliches Wirtschaftswachstum.

Exkurs: Wir leben in einer Parteien-Demokratie. Diese möchten ihre Interessen und Pläne durchsetzen. Dafür ist es notwendig in einer Regierung zu partizipieren. Das wiederum setzt voraus, dass man vorher eine Wahl gewonnen hat, bzw. Koalitionspartner ist. Wie gewinnt man nun eine Wahl? Seit Jahrhunderten ähnlich, weil es die Menschen nicht zu verstehen scheinen: Mit Versprechungen. Geldgeschenke, sprich Steuersenkungen oder die Erhöhung der Sozialausgaben eignen sich hierfür hervorragend. Wann wurde im Wahlkampf schon jemals damit geworben, Renten zu kürzen oder Steuern zu erhöhen?

Es gibt keinen besseren Garanten dafür, an der Regierung zu bleiben, als eine florierende Wirtschaft und niedrige Arbeitslosigkeit. Mit einer Rezession oder gar Depression lässt sich nur schlecht werben. Deshalb werden zum Ende einer Legislaturperiode ganz besonders gerne Wahlgeschenke in Form von Steuersenkungen oder Erhöhungen gemacht. Folglich werden enorme Investitionen getätigt. Die Ausgaben übersteigen die Einnahmen und den Staaten bleibt nichts anderes übrig, als sich immer wieder neu zu verschulden. Man achte nur auf die beschönigende Ausdrucksweise im Wortlaut der Politiker oder Wirtschaftsvertreter. Mittels sogenannter Euphemismen wird gezielt versucht, uns in die Irre zu führen. Hinhören!

- Sparen oder Kürzen? Sparen bedeutet Aufbauen von Guthaben, gemeint sind jedoch Einsparungen. Das sind reale Kürzungen!
- Strukturell ausgeglichener Haushalt oder nicht ausgeglichener Haushalt? In einem strukturell ausgeglichenen Haushalt werden Einmalzahlungen (z.B. an den EFSF) nicht berücksichtigt!
- Preis- und Beitragsanpassungen oder Preiserhöhungen? Anpassungen jeglicher Art sind immer Erhöhungen bzw. negativ, wenn es sich um Lohnanpassungen handelt.
- Freisetzung oder Entlassung? Endlich Freiheit. Soll hier über die Entlassung hinweggetäuscht werden?

Was haben nun Zinsen mit dem Wirtschaftswachstum zu tun? Und weshalb versucht man es auf Biegen und Brechen herbeizuführen? »Wachstum Wachstum über alles!« So dröhnt es überall und ständig gebetsmühlenartig in unseren Ohren. Es wurde bereits so oft wiederholt, dass wir das Streben nach Wirtschaftswachstum als selbstverständlichen Zwang wahrnehmen. Kaum jemand hinterfragt es, schließlich wird es hartnäckig proklamiert. Dann muss es ja stimmen! Das Diktat wird uns von der herrschenden Wirtschaftsordnung auferlegt. Würde die Wirtschaft über einige Jahre hinweg nämlich nicht wachsen, oder gar Schrumpfen, bräche sie zusammen wie ein Kartenhaus. Aber weshalb?

Ein wesentlicher Grund liegt in den zu erwirtschaftenden Zinserträgen, die nur einigen Wenigen zugutekommen. Wie im Beispiel von Rainers Kuhstall dargestellt, ist die einzige Lösung eines Scheiterns der Gesamtwirtschaft, eine sich ständig ausdehnende zinsbelastete Kreditvergabe seitens der Zentral- und Privatbanken. Das hat zur Folge, dass die gesamtwirtschaftliche bzw. globale Zinslast infolge vergebener Kredite immer größer wird, denn wir wissen, alles Geld ist Kredit und somit Schulden auf der einen und Guthaben auf der anderen Seite. Damit Haushalte oder Unternehmen nun Kredite tilgen können, müssen sie Arbeit leisten und Einkommen erzielen. Diese gesamte zu leistende Arbeit muss aber – weil sich die Zinsen akkumulieren und daher immer weiter steigen – ebenfalls ansteigen. Das wiederum hat verheerende Auswirkungen auf Mensch und Umwelt. Die Menschen müssen für immer weniger Geld immer mehr

Lebenszeit in Form von Arbeit opfern, um ihren Verpflichtungen nachzukommen. Für Unternehmen gilt dasselbe. Auch sie müssen Kredite mit steigenden Zinslasten begleichen und das bei steigendem Kostendruck. Das Streben nach konstantem Wirtschaftswachstum resultiert somit zum einen aus der Zinslast und zum anderen auch aus der Prämisse der Gewinnmaximierung der Unternehmen. Wir nennen unser System daher auch gerne den »Maximalismus«. Schließlich muss alles – vor allem finanzielle Gewinne – maximiert werden, koste es, was es wolle!

Da der Begriff Wirtschaftswachstum über die Jahre zunehmend negativ belegt wurde, erfand man vor nicht allzu langer Zeit das so genannte »Grüne Wachstum«. Schließlich klingt grünes Wachstum nicht nur fair, sondern auch ziemlich logisch – ganz so als wäre es eine grüne Pflanze, die langsam, friedlich und im Einklang mit der Natur gedeiht. Welch betörende Wirkung Worte doch entfalten können. Sie suggerieren grüne Landschaften mit eingebetteten Fabrikhallen, die nur herrlich duftenden süßen Wasserdampf ausstoßen.

Es stellen sich jedoch philosophische und ökologische Fragen: »Kann die Wirtschaft exponentiell mit den Schulden mitwachsen?« und »ist infolgedessen unendliches Wirtschaftswachstum in einer endlichen Welt überhaupt möglich oder wünschenswert?«

Klar ist, dass diese künstlich von außen zugeführten Geldspritzen, die die Geldmenge weiter aufblähen, mit einer erhöhten Kreditvergabe an Unternehmen durch niedrige Zinssätze einhergehen. Wachstumsökonomisch heißt steigender Konsum mehr Produktion und damit auch Arbeitsplätze. Ist aber nicht sowieso schon genug Arbeit da und wird diese vielleicht nur falsch verteilt? Wirtschaftswachstum wird durch Kreditvergabe überwiegend künstlich generiert. Allerdings lehrt uns die Erfahrung beim Arzt, dass Spritzen zwar Symptome lindern können, aber niemals die Ursachen kurieren! Es ist davon auszugehen, dass nur Teile der wahnwitzigen Geldmengen, die in das System gepumpt werden, auch in der Realwirtschaft ankommen. Der Löwenanteil verschwindet - wie bereits ausgeführt - in nebulösen Sphären der spekulativen Finanzmärkte und bildet dort neue Spekulationsblasen.

Zu den größten ökonomischen Gewinnern der sich ausdehnenden Geldmenge gehören daher die Finanzmärkte. Weil die Nachfrage nach diesen Produkten, wie Wertpapieren, Anleihen oder Derivaten stetig und in beschleunigtem Maße wächst, steigen auch die Aktienkurse auf dem Globus. Diese Aufblähung der Aktienkurse ist die bereits angesprochene »Asset Price Inflation«. Wertpapierinflation. Sie ist mit Beginn der Kreditwirtschaft in den 80er Jahren exponentiell gestiegen.

Aber wie können Aktienkurse in der Gesamtheit (Aktienindizes) steigen, wenn die Realwirtschaft schrumpft? Die einzige denkbare Antwort muss lauten, dass dies den realen Kaufkraftverlust von Fiatgeld darstellt und sich die Bewertung der Wertpapiere von der wahren Substanz und dem Wert jener börsennotierten Unternehmen fast vollständig entkoppelt und zur reinen Spekulation entwickelt hat. Geld selbst ist also mittlerweile zum Spekulationsobjekt geworden - worin liegt hier noch der Nutzen für die physische Wirtschaft? Aus Geld wird mehr Geld - ein Phänomen, das mit keinem natürlichen Gut erzeugt werden kann und der Natur grundsätzlich widerstrebt.

Zusammenfassung

- Das Wirtschaftswachstum wird hauptsächlich künstlich, also durch staatliche Geldspritzen, induziert und aufrechterhalten. Dadurch wird die Schuldenspirale unaufhörlich angeheizt und das Hamsterrad dreht sich immer schneller. Die scheinbar einzige Lösung der Politik: Noch mehr Wirtschaftswachstum!
- Noch viel stärker als die Waren- und Dienstleistungspreise wurden seit den 80er Jahren die Wertpapierpreise aufgebläht. Die Börse hat sich stark von der Realwirtschaft entkoppelt.
- Krisen auf den Finanzmärkten können sich verheerend auf die Realwirtschaft auswirken.

Eine konstant steigende Geldmenge zur Anfeuerung der Wirtschaft beschwört ein weiteres Schreckgespenst herauf. Einige freut es, andere bringt es um ihre Existenz: Die Inflation.

Konsequenz Inflation: Unbesiegbares Schreckgespenst?

Inflation kommt aus dem Lateinischen »inflare« und bedeutet Ausweiten, Erhöhen, Aufblähen. Dieser Ausdruck bezieht sich in der Ökonomie auf ein Ausweiten der Geldmenge über seine Entsprechung in der Realwirtschaft (dem Bruttoinlandsprodukt - BIP) hinaus. Dadurch kommt es zu steigenden Preisen. Schließlich müssen sich Angebot und Nachfrage das Gleichgewicht halten. Geld steht somit im Konkurrenzverhältnis um Waren, die im Vergleich zum Geld knapp sind. Ein höheres Geldangebot bedeutet in der Konsequenz, dass auch die Güternachfrage im ersten Schritt steigt, bevor anschließend die Preise nachziehen.

Zum besseren Verständnis soll auch der Begriff Deflation kurz erklärt werden. Sie bedeutet genau das Gegenteil. Hier ist die umlaufende Geldmenge im Verhältnis zum BIP zu klein. Das wiederum führt zu fallenden Preisen, denn die Ware konkurriert um weniger Geldangebot. Die Preise müssen fallen, damit sie wieder dem Geldangebot entsprechen. Das kann die Wirtschaft ankurbeln, weil alles günstiger geworden ist, oder aber zum Erliegen bringen, wenn alle immer länger warten (spekulieren), ob die Preise nicht noch weiter fallen.

Ist Inflation (im eigentlichen Sinn der unendlichen Geldvermehrung) nun unbesiegbar? Leider ja! Zumindest in unserem verzinsten Schuldgeldsystem. Wir haben bereits die Frage gestellt, mit welcher Begründung die EZB eine Preissteigerungsrate von knapp zwei Prozent angesetzt hat. Eine bereits angesprochene Erklärung: Man versucht, die Volkswirtschaft so am Laufen zu halten. Die Menschen sollen das Geld jetzt und nicht später verkonsumieren, also im Wirtschaftskreislauf halten, um die genannten Stockungsgefahren zu verringern.

Inflation bringt jedoch nicht nur Schlechtes mit sich. Man lasse sich nicht täuschen, denn auch hier gibt es Gewinner und Verlierer. Inflation dient nämlich auch zur Vermögensumverteilung.

Verlierer

Zu den Verlierern von Inflation in Form steigender Preise gehören eindeutig die Sparer. Hinter dem Begriff des Sparers verbergen sich fast immer Privatleute, Angestellte und Selbstständige, die Altersvorsorge betreiben oder für einen Urlaub sparen sowie Menschen, die Vermögen aufbauen oder verwalten. Nehmen wir die reale Preissteigerung daher mit einer einleitenden Frage näher unter die Lupe.

Wie wird die Inflationsrate (Verbraucherpreisindex des privaten Haushalts) berechnet? Hierfür wird ein »repräsentativer« Warenkorb, der vom Statistischen Bundesamt bestimmt wird, herangezogen. Da wir Menschen glücklicherweise nicht alle gleich sind, ist auch dieser Warenkorb für den einen mehr und für den anderen weniger repräsentativ. Gehört man zu denjenigen, die für Unterhaltung, Kultur, Freizeit und Einrichtungsgegenstände mindestens doppelt so viel Geld ausgeben, wie für Nahrungsmittel und Getränke, trifft der Verbraucherpreisindex einigermaßen zu. Ist das nicht der Fall, ist die persönliche Preissteigerungsrate wesentlich höher als die im Durchschnitt der letzten zehn Jahre veranschlagten zwei Prozent (immer im Vergleich zum Vorjahr!).

Es ist kein Geheimnis, dass die Lebensmittelpreise nach Einführung des Euro überproportional gestiegen sind, wohingegen die Preise für Elektronikartikel stark sanken. Nicht jeder wird sich, etwas übertrieben gesagt, einmal im Jahr einen neuen Fernseher kaufen. In Wahrheit wird in Deutschland etwa ein Fünftel des Brutto-Einkommens für Lebensmittel ausgegeben. Das doppelte im Vergleich zum »offiziellen« Verbraucherpreisindex. Da sich die Inflation auf die Nahrungsmittelbranche besonders stark auswirkt, spürt man den Effekt im eigenen Geldbeutel ganz besonders. Holen wir uns einen Augenblick die Exponentialfunktion ins Gedächtnis zurück. Diese besagt, dass sich die Preise bei einer Preissteigerung von fünf Prozent im Jahr, nach 15 Jahren bereits verdoppelt haben!

Hier kommen wir dem wahren Kaufkraftverlust des Euro schon wesentlich näher. Das heißt, jeder normale Bürger müsste jedes Jahr eine Lohnerhöhung von über fünf Prozent erhalten, um mit der wahren Preissteigerung Schritt halten zu können. Aber wer kann sich schon so glücklich schätzen? Die Inflation trifft die Bürger in zweierlei Hinsicht. Durch die Geldmengenausweitung (Inflationierung) verliert unser aller Geld täglich an Wert und zusätzlich treibt sie die Preise in die Höhe.

Gewinner

Wer sind nun die Gewinner? Generell diejenigen, die Schulden haben. Für Sie kann die Inflation gar nicht hoch genug sein. Je weniger das Geld wert ist, desto weniger sind auch die relativen Schulden der Schuldner wert. Es stellt sich also die spannende Frage wer die größten Schuldner von allen sind und dementsprechend das geringste Interesse daran haben, Inflation ernsthaft zu bekämpfen. Die Antwort klingt unglaublich und als sie Rainer Zufall das erste Mal hört, bekommt er seinen zweiten Nervenzusammenbruch. Es sind die Weltstaaten mit über 200 Billionen US-Dollar expliziter Staatsverschuldung!

Während die Staaten durch die Ausgabe von Staatsanleihen tatsächlich von der Geldentwertung profitieren, ist es dem privaten Kreditnehmer in der Regel nicht möglich: In den Kreditverträgen wird die Inflation mitberücksichtigt, sodass sich die Höhe der Zinszahlung mit der Inflation oder dem Leitzins regelmäßig anpasst.

Der Rückschluss liegt nahe, dass sich die USA mit Hilfe der Fed oder Europa mithilfe der EZB aus ihren Schulden freidrucken möchten bzw. genau das tun. Zur Rekapitulation: Je höher die Schulden, desto höher sind die Zinsen, die auf Staatsanleihen zu zahlen sind, umso schneller die Ausdehnung der Geldmenge und letztlich auch der Inflation. Aber kann die Inflation tatsächlich so hoch sein, dass sie Zins und Zinseszins der Schuldenlast übertrifft? Wohl kaum. Die Inflation ist also nur eine scheinbare oder marginale Entlastung der Staatsschulden, während zur selben Zeit die privaten Sparer und Lohnempfänger einen herben Kaufkraftverlust hinnehmen müssen (manche sprechen sogar von versteckter Enteignung).

Außerdem zwingen die USA durch ihre anhaltende und zunehmende Gelderzeugung den Rest der Welt praktisch dazu, in gleichem Maße Geld zu drucken. Das Warum haben wir bereits angesprochen. Verliert der US-Dollar durch den exponentiellen Anstieg seiner Geldmenge an Kaufkraft, werden auch die Importe der USA, die noch immer größte Volkswirtschaft der Welt, für die US-Bürger unverhältnismäßig teurer und schon bald unerschwinglich. Dies würde insbesondere Deutschland, als äußerst exportorientiertes Land, stark treffen. Eine enorme Schwächung der Wirtschaft mit Konsequenzen wie Arbeitslosigkeit, steigenden Staatsausgaben, sinkenden Staatseinnahmen, steigenden Sozialkosten etc. wäre die Folge. Keine Regierung der Welt kann und möchte sich das auf ihre Fahnen schreiben.

Durch die starke Verflechtung der USA mit der Weltwirtschaft hat kein Land Interesse an einem an Kaufkraft verlierenden US-Dollar. Wer mit den USA Handel treiben möchte, muss den verblassten Wert des US-Dollars akzeptieren. Darüber hinaus wird der weltweite Öl-Handel mittlerweile nur noch fast ausschließlich in US-Dollar abgewickelt. Deshalb bezeichnet man jenen auch gerne als Petrodollar. Den USA und auch allen anderen exzessiven Ölverbrauchern, dazu zählt insbesondere die westliche Welt, nutzt in diesem Sinne ein schwacher US-Dollar enorm. Beide Währungen werden deshalb künstlich auf dem gleichen Niveau gehalten, um die Gewinne der Exportwirtschaft einigermaßen gleichmäßig zu verteilen. Dreht die Federal Reserve mal wieder den Geldhahn auf, folgt die EZB und vice versa. Bei der kritischen Auseinandersetzung mit diesem Thema könnte man mutmaßen, dass die »Angriffe« der amerikanischen Ratingfirmen gezielt ausgeführt wurden, um den Euro – gegenüber dem Dollar – zu schwächen.

Zusammenfassung

- Die Inflation soll die Menschen dazu bringen, das Geld heute und nicht morgen zu verkonsumieren.
- Durch die Inflation wird Vermögen umverteilt.
- Verlierer der Inflation sind im Allgemeinen jene, die das Geld sparen und keinen ausgleichenden Zinsbetrag dafür zurückerhalten.
- Gewinner sind die Schuldner, deren Schulden real abnehmen. Die weltgrößten Schuldner sind die Nationalstaaten.

Damit sind wir am Ende des eher theoretischen Teils dieses Buches angelangt. In den folgenden Kapiteln widmen wir uns den ganz realen Folgen einer problematischen Konstruktion des aktuellen Geldsystems. Wir fokussieren uns dabei auf vier Kernelemente: Die Ungleichverteilung von Vermögen, die eine wachsende Schere zwischen Arm und Reich zur Folge hat; das Gesundheitssystem; die Euro-Krise und nicht zuletzt auf die Auswirkungen einer entfesselten Weltwirtschaft auf die Ökosphäre.

Ungleichverteilung zwischen Arm und Reich

Was bewirken nun die besprochenen, dem Geldsystem innewohnenden, Mechanismen für Mensch und Umwelt? Die Beantwortung dieser Fragen war eine bedeutende Motivation für uns, dieses Buch zu schreiben. Die Verbreitung dieser Informationen ist wichtig, um ein weiteres Auseinanderdriften von Arm und Reich, gesund und krank, natürlich und künstlich zu verhindern und eine intensive Suche nach Lösungen anzustoßen. Denn nicht nur die Inflation schadet den Ärmsten der Armen am meisten. Ein weiteres Mal holen wir uns den Mechanismus des Zinseszinses zurück ins Gedächtnis, um zu ergründen, warum sich die Bevölkerung so schnell in beide Richtungen auseinanderentwickelt.

Was toleriert das System und wer profitiert am meisten?

Dem »kleinen Mann« Rainer Zufall frisst die Inflation Erspartes und Erwirtschaftetes auf, während Vermögende wie Karl Kulation viele Möglichkeiten haben, ihr Geld für sich »arbeiten« zu lassen. Diese Phrase hat sich zwar in den Sprachgebrauch eingebrannt, ist jedoch nicht zutreffend. Geld kann nicht arbeiten, konnte es noch nie und wird es niemals können! Nur Menschen, Tiere und Maschinen können arbeiten, für Geld im Tausch gegen Lebenszeit!

Es mag hart klingen, aber das Wirtschafts- und insbesondere das Finanzsystem benachteiligt die Armen, während es die Reichen unverhältnismäßig stark begünstigt. Die Zinsen für Anleihen, Aktien und selbst Mieten von Immobilien müssen ja von irgendjemandem erarbeitet werden (Abb. 23).

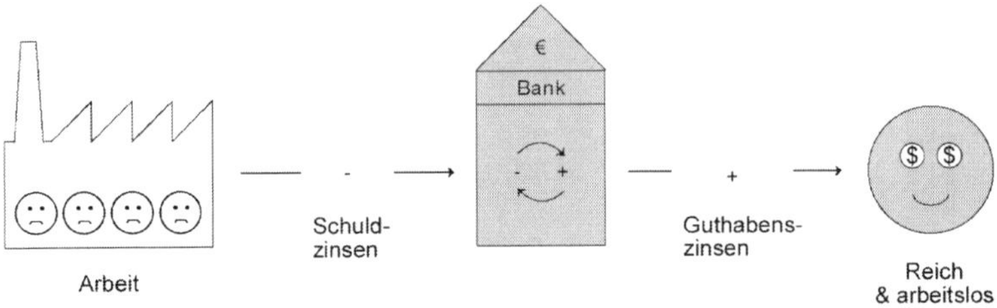

Abbildung 23: Während sich der Großteil abrackert, um die Schuldzinsen aufzubringen, streichen wenige die Guthabenzinsen im Schlaf ein.

Teil I: 1% gegen den Rest

Stand 2016 haben von 31 OECD-Staaten lediglich zwei, nämlich die Türkei und Mexiko, größere Einkommensunterschiede zu verzeichnen als die USA. Es sind über 150 Jahre seit Beginn der industriellen Revolution vergangen und dennoch haben wir es nicht verstanden alle gleichermaßen am großen Wohlstandskuchen teilhaben zu lassen! Indes hat es eine kleine Schicht von Mega-Reichen geschafft, sich die Welt unter ihre Nägel zu reißen. Und niemandem ist es aufgefallen! In Zahlen sieht das (Stand 2016) so aus:

- Das reichste 0,8 % der Weltbevölkerung besitzt ca. 44,8 % der weltweiten Vermögen!
- Die ärmsten 60 % der Weltbevölkerung besitzen 0,8 % der weltweiten Vermögen!
- Die reichsten 10 % besitzen mehr als 95 % der weltweiten Vermögen!
- Eine Milliarde Mitmenschen muss von weniger als 1,25 US-Dollar am Tag leben!
- Mehr als 80 % der Weltbevölkerung muss von weniger als 10 US-Dollar am Tag leben!
- Etwa 7,6 Billionen US-Dollar werden von den Reichen offshore, im Ausland, versteckt und kann deshalb nicht angemessen besteuert werden.

Diese Zahlen sind überwiegend dem vorzüglich titulierten Bericht von Oxfam »An Economy for the 1%« entnommen. Die Welt scheint sich zunehmend aus nur noch zwei Bevölkerungsschichten zusammenzusetzen. Aus wenigen Superreichen und vielen Superarmen. Die Schicht dazwischen schmilzt dahin.

Mittlerweile (Stand 2018) gibt es, berechnet in US-Dollar, über 2.208 Milliardäre! Stand Januar 2017 verdient in Vietnam der reichste Mann an einem Tag so viel, wie der ärmste in 10 Jahren. Über die nächsten 20 Jahre werden 500 Menschen über 2,1 Billionen US-Dollar vererben. Das ist mehr als das Bruttoinlandsprodukt von Indien mit einer Einwohnerzahl von über 1,3 Milliarden Menschen.

In Deutschland veröffentlicht die Bundesregierung regelmäßig den sogenannten Armuts- und Reichtumsbericht (früher hieß er nur Armutsbericht). Er enthält auch Zahlen zum gesamtdeutschen Vermögen. Gerne wird öffentlichkeitswirksam von einem Geldvermögen von 5 Billionen EUR gesprochen. Das klingt doch toll. Demnach müsste jeder Deutsche (selbst Babys eingerechnet) ein Netto-Geldvermögen von 62.500 EUR zu verzeichnen haben. So glücklich können sich jedoch die Wenigsten schätzen - viele Menschen sind ja sogar ver- oder überschuldet! Schnell wird klar, dass auch in Deutschland eine enorme Ungleichverteilung von Geldvermögen vorherrscht.

Aristoteles sagte dereinst:

> *»Der Gesetzgeber muss offenbar die Vermögen nicht nur gleich machen, sondern auch nach einer mittleren Größe zielen. [...]. Gewiss ist es also, um Bürgerkriege zu verhindern, zuträglich, wenn das Vermögen der Bürger gleich ist.«*

Und auch Ludwig Erhard stimmte mit seinen Worten ein:

> *»Wer erkannt hat, dass die marktwirtschaftliche Ordnung als Teil der freiheitlich-demokratischen Gesamtordnung unentbehrlich ist, wird seine Aufgabe darin erkennen, die Marktwirtschaft vollkommener zu machen und sie durch Elemente zu ergänzen, die ihr einen noch höheren Grad an Gerechtigkeit und Menschlichkeit verleihen. Als ein strategischer Punkt ist die Vermögensverteilung anzusehen.«*

Zunehmende Liberalisierung und sogenannte Flexibilisierung scheinen jedoch, im Sinne des wesentlich aggressiveren und sehr viel stärker renditeorientierten angelsächsischen Kapitalismus, genau das Gegenteil anzustreben. Die ungerechte Vermögensverteilung ist im Kapitalismus, ganz egal wie sozial er sein mag, ein systematisches Grundproblem. Der Kapitalismus fußt auf dem Zins- und Zinseszins-Mechanismus, der exponentiell wachsende Guthaben und Schulden produziert. Das lässt die Verteilungsschere zwischen Arm und Reich, zwischen Rainer Zufall und Karl Kulation, immer weiter auseinanderklaffen.

In diesem System werden jene, die viel Geld haben, ohne weiteres Zutun immer reicher. Jene, die wenig Geld besitzen oder gar verschuldet sind, bleiben hingegen gleich arm oder werden immer ärmer. Dabei ist es die breite Bevölkerung mit ihrer Arbeit, die hauptsächlich dafür sorgt, dass die Zinsströme zu den Reichen fließen.

Teil II: Vermögen wachsen, während die Wirtschaft schrumpft

Das Geldsystem macht völlig kontraintuitive Entwicklungen möglich. Doch Achtung! Es könnte sein, dass die folgenden Beispiele, ob der offensichtlich werdenden Ungerechtigkeit, etwas wütend machen.

Die durchschnittliche volkswirtschaftliche Leistung (BIP) ist innerhalb von 50 Jahren (von 1950 bis 2000) um das 6-fache angestiegen. Dies ist im Vergleich zum Anstieg der Geldvermögen jedoch ein Klacks! Diese stiegen im Zehnjahresdurchschnitt (im gleichen Zeitraum) um das 26-fache! Die Geldvermögen wuchsen im selben Zeitraum also mehr als vier Mal so schnell wie die Wirtschaftsleistung! Betrachtet man nun die Zuwachsraten der Nettolöhne und -gehälter, wird es noch verrückter: Diese wuchsen im angegebenen Zeitraum nämlich lediglich um das 3-fache. Die enormen Zugewinne der Geldvermögen sind also nicht auf steigende Löhne und Gehälter zurückzuführen, sondern auf die Vermehrung des Geldes »aus sich heraus« - dem Zinseszins-Mechanismus.

Zwischen 1991 und 2000 wuchsen die Geldvermögen durchschnittlich um ca. 336 Mrd. EUR. Das ist gegenüber dem Zuwachs der Nettolöhne von 10 Mrd. EUR das 34-fache und gegenüber einem Wachstum des Sozialprodukts um 58 Mrd. EUR das 6-fache! Somit wäre das Wachstum der Nettolöhne nicht einmal ausreichend, um die auf den Geldvermögen lastenden Zinsforderungen, die in allen Preisen versteckt sind, auszugleichen! Was Rainer aber noch viel mehr stört, ist, dass er sich Lohnerhöhungen - wenn er sie denn überhaupt bekommt - hart erkämpfen muss.

Das spiegeln auch diverse Studien wider. Sie zeigen, dass die Löhne von Arbeitern und Angestellten in Deutschland (immerhin 90 Prozent der Bevölkerung) in den vergangenen 15 Jahren so gut wie nicht gestiegen sind. Bei den unteren 20 Prozent sind die Löhne sogar zurückgegangen. Die Einkommen von Kapitalbesitzern und Unternehmen (die oberen 10 Prozent) hingegen sind, im selben Zeitraum, um mehr als 50 Prozent gestiegen - und das trotz Finanzkrise!

Bevor wir weiter auf die Geldvermögen eingehen, möchten wir den Scheinwerfer daher auf das Wachstum der Zinsgutschriften der Banken an deren Kunden werfen. Dieser Betrag lag noch in den 50er Jahren bei mickrigen 3 Mrd. EUR. Doch dann explodierten diese und wuchsen bis ins neue Millennium auf 257 Mrd. EUR und damit auf das knapp 86-fache an! Das heißt, dass das Wachstum der Zinsauszahlungen mehr als 14 Mal so schnell anstieg, als das Wachstum der volkswirtschaftlichen Leistung (BIP). Sie stiegen sogar dann noch (zwischen 2000 und 2010), als sowohl das Geldvermögens- als auch das BIP-Wachstum zurückgingen. Das sollte man sich auf der Zunge zergehen lassen! Wenn sich das Wirtschaftswachstum verlangsamt, heißt das normalerweise, dass weniger Kredite vergeben werden. Das bedeutet in der Konsequenz niedrigere Zinseinnahmen, die die Banken ihren Kunden in Form von geringeren Zinsgutschriften weiterreichen. Doch das Gegenteil war der Fall, denn die Zinsgutschriften stiegen um 36 Prozent an! Das kann nur dann funktionieren, wenn die Mechanik des Zinseszinses voll zuschlägt. Die enormen Geldvermögen können sich nur dadurch vergrößert haben, indem Zinsgutschriften von Banken an häufig sehr vermögende Kunden weitergereicht wurden.

Als Überleitung zur finalen Betrachtung der Geldvermögenszuwächse wollen wir diese mit dem Wachstum der Zinszahlungen der Banken (Zeitraum zwischen 1950 und 2000) vergleichen. Während die Geldvermögen durchschnittlich um das 26-fache stiegen, vermehrten sich die Zinszahlungen der Banken an die stolzen Inhaber dieser Vermögen, wie z.B. Karl Kulation, um das 63-fache. Was heißt das für Karl? Einfach ausgedrückt wuchsen seine Zinseinkünfte 2,5 Mal schneller als sein zu verzinsendes Geldvermögen. Das beweist, dass die zauberhafte Vermehrung der Vermögen immer weniger mit Ersparnissen aus eigener Arbeitsleistung (Lohn) zu tun hat!

Das Paradox des Geldsystems wird noch offensichtlicher, wenn man die Wachstumsraten der Geldvermögen und des Sozialprodukts im Zeitraum zwischen 2000 und 2010 vergleicht. Denn obwohl sich das Wachstum der volkswirtschaftlichen Leistung in diesem Zeitraum um ca. 25 Prozent verlangsamte, blieb das Wachstum der Geldvermögen - im Vergleich zum Jahrzehnt davor - identisch bei nahezu dem 6-fachen! Darüber hinaus bedeuten die exponentiellen Anstiege der Geldvermögen, dass sich der in Geldmenge gemessene Wohlstand auf immer weniger Menschen konzentriert. Noch einmal zur Erinnerung: Exponentielles Wachstum erzeugt die wiederkehrende Verdoppelung eines Betrags innerhalb eines Zeitraumes. Bei 5 Prozent sind das alle 15 Jahre, bei 7,5 Prozent alle 10 Jahre. Das beweist, dass Vermögende zwischen 1950 bis 1990 für ihr eingesetztes Kapital etwa 7,5 Prozent Rendite (pro Jahr!) erhielten.

Karl Kulation, der damals eine Million EUR geschickt anzulegen wusste, hatte nach 10 Jahren – leistungslos wohlgemerkt – zwei Millionen. Noch extremer werden die Zahlen zwischen 1990 und 2000. In diesem Zeitraum verdreifachten sich die Geldvermögen nahezu. Das bedeutet, dass die 16 Millionen EUR, die Karl Kulation bis dahin durch den Zinseszins-Mechanismus bereits generiert hatte, innerhalb der nächsten 10 Jahren zu 48 Millionen EUR wurden. Einfach und ohne größere eigene Anstrengungen, sondern vielmehr deshalb, weil er bereits viel Kapital hatte!

Diese enormen Geldvermögen sind der Grund, weshalb seit den 80er Jahren immer mehr Anleger ihr Glück an den Finanzmärkten versuchen. Das wiederum führte dazu, dass sich mehr und mehr Banken immer weiter von ihrem eigentlichen Geschäft – der Verwaltung von Einlagen sowie der Kreditvergabe für Investitionen – entfernten und in den Investmentbereich expandierten. Schließlich war dort, obgleich höheren Risikos, viel mehr Geld für die Anleger und für sich selbst (in Form von Bonuszahlungen) zu machen.

Eine weitere Folge dieser extrem wachsenden Geldvermögen ist, dass im System mehr Geld benötigt wird, um die Zinszahlungen zu gewährleisten. Der solventeste Kreditnehmer, der zugleich auch quasi unbegrenzt Kredite aufnehmen kann, ist der Staat. Das soll heißen, dass die extrem gewachsenen Vermögen viele Staaten dazu gezwungen haben, sich immer weiter zu verschulden und immer mehr Kredite (bei Privatbanken) aufzunehmen. Man beachte einmal mehr, dass mit Staat immer wir alle als die Bürgen bzw. Bürger gemeint sind. Das gilt übrigens auch, wenn Zentralbanken als letzte Retter in der Not Staatsanleihen aufkaufen – denn die Europäische Zentralbank ist die Notenbank aller europäischen Bürger! Überspitzt ausgedrückt könnte man also sagen, dass wir uns alle immer weiter verschulden müssen, damit einige wenige immer reicher werden können.

Teil III: Großverdiener versus Großeinnehmer

Geld bzw. Vermögen werden ständig (um)verteilt. Da der Konsumanteil bei Menschen mit niedrigeren Einkommen wesentlich höher ist als bei einen mit hohen Einkommen, verstärkt sich dieser Prozess. Alles was wir konsumieren, das wissen wir mittlerweile, beinhaltet Zinsen – wer anteilig mehr konsumiert, zahlt damit auch anteilig mehr von den in den Preisen versteckten Zinsen! Dieser Punkt allein – die perfide Geldvermehrung »aus sich selbst heraus« völlig beiseitegelassen - würde ausreichen, auf lange Sicht – wie bei Monopoly – eine gewaltige Vermögensumverteilung hervorzurufen. Das geht so lange, bis nur noch ein Einziger übrig ist, dem die gesamte Welt gehört!

Karl Kulation ist ein »Großeinnehmer«. Wir haben ihn als Großeinnehmer bezeichnet, da er große Summen erhält, für die er nicht mehr aktiv arbeiten muss. Wir sprechen vor allem von Menschen, die von Zinseinkünften leben. Sie profitieren von den Kreditaufnahmen, Zinsen und der Arbeitstätigkeit anderer. Das ist nicht verwerflich, sondern in unserem herrschenden System normal und der einfachste und erfolgversprechendste Weg zur finanziellen Freiheit. Für das leistungslose Einkommen muss Karl pauschal 25 Prozent Kapitalertragssteuer bezahlen. Äquivalent zu Karl Kulation – dem Großeinnehmer – könnte man Familie Quandt nennen. Sie kassiert - als größte Anteilseigner mit ca. 47 Prozent - allein aus Dividenden ihrer BMW-Anteile, jährlich (Stand 2016) die unglaubliche Summe von etwa 800 Millionen Euro.

Im Gegensatz dazu steht Großverdiener „Andy Arbeit" (er bekleidet einen hohen Chefposten in einer AG) mit seinem jährlichen Gehalt von knapp 16 Millionen Euro - in Anlehnung an VW-Chef Winterkorn (Stand 2015) - schon fast als Verlierer da. Der Steuer-Höchstbetrag, der sogenannte Spitzensteuersatz von 42 Prozent, macht daraus netto immer noch rund 9 Millionen EUR. Das verfügbare Einkommen je Arbeitnehmer lag (Stand 2016) bei knapp über 20.000 Euro. Während also Großverdiener wie Herr Winterkorn mehr als das 350-fache eines deutschen Durchschnittsarbeitslohns verdienen, ändert sich diese Verteilung in Bezug auf Großeinnehmer nochmals deutlich. Der Haushalt Quandt erhält jährlich, nach Abzug aller Steuern und nur durch Dividenden, etwa das 30.000-fache eines durchschnittlichen Arbeitnehmers. Dieser muss für seinen Lohn allerdings Tag auf Tag hart arbeiten.

Teil IV: Konzerne - die Mächtigsten der Mächtigen

Neben den Superreichen bzw. Super-Vermögenden hat sich eine Konzern-Oligarchie supermächtiger multinationaler Konzerne, Banken, Immobilienverwalter, Hedgefonds und Versicherungsgesellschaften gebildet. Das Unternehmen BlackRock führt sie alle an und kaum einer kennt es! Der US-amerikanische Immobilienverwalter verfügt über ein Anlagevermögen von mehr als 4 Billionen US-Dollar. Das kapitalstärkste Unternehmen der Welt. Man vergegenwärtige sich, dass BlackRock (Stand 2016) in allen 30 deutschen Aktiengesellschaften mit einer erheblichen Beteiligung vertreten ist. In mehr als einem Drittel halten sie sogar die Mehrheit! Damit geht ein beträchtliches Mitspracherecht in der Unternehmenspolitik der größten und stärksten deutschen Unternehmen einher.

Diese Super-Konzerne sind mittlerweile mächtiger als Staaten geworden. Nicht selten stehen sie bereits über dem Gesetz, weil diese nicht selten von mächtigen Super-Konzernen selbst entworfen oder erstritten wurden. BlackRock gehört - wie alle Hedgefonds, Private Equity Unternehmen oder größere Kapitalverwaltungs- bzw. Beteiligungsgesellschaften - zu den sogenannten Schattenbanken. Sie profitieren von der Regulierung „normaler" Geschäftsbanken, denn sie unterliegen keiner Bankenaufsicht. Der Finanzstabilisierungsrat der Regierungen der zwanzig wichtigsten Industriestaaten bezifferte das Finanzvolumen der Schattenbanken im November 2012 auf 67 Billionen US-Dollar. Zehn Jahre zuvor waren es »nur« 26 Billionen US-Dollar.

Das zeigt das Ungleichgewicht zwischen dem Geldumsatz und dem Umsatz an Waren und Dienstleistungen. Es ist größer denn je. Man stelle sich nur einmal vor, dass an den Devisenbörsen der Welt Tag auf Tag etwa 4 Billionen US-Dollar umgesetzt werden. Das tägliche Weltsozialprodukt liegt hingegen bei lediglich 80 bis 100 Milliarden US-Dollar! Dieser Betrag würde eigentlich genügen, um alle Waren und Dienstleistungen zu bezahlen, die gemäß Nachfrage produziert und geleistet werden. Irgendetwas scheint auch hier nicht zusammenzupassen!

Die Spitze des Eisbergs kommt aber noch. Forscher der Züricher Universität haben nämlich analysiert, welche Konzerne global die Mächtigsten der Mächtigen sind. Die Ergebnisse sind unglaublich. Von insgesamt 43.060 multinationalen Unternehmen sind es lediglich 1.318, die – gemessen am Umsatz – über 80 Prozent der Weltwirtschaft regieren. Das Verrückte daran ist, dass die meisten Konzerne untereinander eng verflochten sind. Die wenigen »Super-Multis« halten durchschnittlich an zwanzig anderen transnationalen Unternehmen Beteiligungen.

Doch auch unter den mächtigen Konzernen gibt es die Supermächtigen. Das sind die 147 Top-Konzerne (davon 133 aus dem Finanz- und Immobiliensektor!), die über mehr als die Hälfte des weltweit zirkulierenden Kapitals - also über die Hälfte der Weltwirtschaft - herrschen. Sie können damit ganze Branchen und Märkte nach Ihren Vorstellungen beeinflussen. Mittelständler scheinen, angesichts der Finanzkraft dieser Unternehmenshaie, machtlos wie kleine Sardinen. Und es spitzt sich noch weiter zu. Blicken wir auf die mächtigsten 35 Großunternehmen der Welt wird deutlich, dass diese über 35 Prozent der Weltwirtschaft kontrollieren. Mehr als die Hälfte dieser Super-Unternehmen stammt aus den USA, aber auch die Deutsche Bank oder die Allianz sind darunter.

Besonders gefährlich sind in diesem eng verwobenen Spinnennetz Pleiten und Zusammenbrüche einzelner Unternehmen, weil es dadurch - wie 2008 nach dem Aus von Lehman Brothers - zu einem Dominoeffekt und einer ausgewachsenen Internationalen Wirtschaftskrise kommen kann. Wir sind mal wieder bei der Aussage »too big to fail« angelangt.

Teil V: Die Länder der Dritten Welt

Die globale Ungleichverteilung nahm vor langer Zeit ihren Anfang. Die Industrieländer wären ohne die über Jahrhunderte hinweg andauernde Ausbeutung eroberter Staaten heute keine Industrie- und Wohlfahrtsländer. Dies gilt gleichermaßen für die Gegenwart und die teils perversen Auswucherungen unseres Geld- und Finanzsystems, welche keine Grenzen zu kennen scheinen. Das zeigt sich z.B. in der Spekulation mit Nahrungsmittel(preisen). Diese hat sich mittlerweile zu einem sehr zweifelhaften Boom-Markt entwickelt. Besondere die großen Investmentbanken stehen hier in der vordersten Reihe. Sie erwerben zum Beispiel große Weizenspeicher. Das wirtschaftliche Zusammenspiel von Angebot und Nachfrage führt dazu, dass die Nachfrage nach Lebensmitteln, aufgrund der demografischen Entwicklung einer wachsenden Weltbevölkerung, steigt. Mit einer künstlichen Verknappung von Lebensmitteln lässt sich hervorragend verdienen. Man entzieht dem Markt etwa den Weizen. Er wird so lange zurückgehalten, bis sich daraus ein Anstieg des Weizenpreises ergibt. Anschließend wird die Halle mit gigantischem Gewinn verkauft. Man halte sich dabei vor Augen, dass in Entwicklungsländern 80 Prozent des Einkommens für Lebensmittel aufgewendet werden.

Beim Thema Arm und Reich denken wir automatisch an die Länder der Dritten Welt und weshalb sie uns - den Industrienationen - ökonomisch so weit hinterherhinken. Ein entscheidender Faktor wird in der Debatte immer noch ausgeblendet: Die Verschuldung im Ausland.

In den 80er Jahren herrschte weltweit ein Niedrigzinsniveau. Damals wurden vielen Ländern der Dritten Welt Kredite zu günstigen variablen Zinsen angeboten. Diese willigten ein. Aber schon sehr bald stiegen die Zinsen. Damit verteuerten sich die Kredite um ein Vielfaches, da sie in einer stärkeren ausländischen Währung getilgt werden mussten. Die Auslandsverschuldung in Devisen macht es Entwicklungsländern quasi unmöglich, jemals eine unabhängige, stabile Volkswirtschaft zu entwickeln, da ein Großteil - der ohnehin geringen Steuereinnahmen - direkt als Zinszahlungen ins Ausland abfließt.

Für die Industrieländer ist die Verschuldung der Dritte-Welt-Länder das Mittel zum Zweck. Sie garantiert den Machterhalt und konserviert alt eingefahrene und längst überholte Strukturen. Sie hilft der heimischen Industrie, die durch entwicklungspolitische Subventionen Anreize erhält, in das günstige Ausland zu expandieren. Dort profitiert Sie von extrem niedrigen Löhnen, leicht auszubeutenden Arbeitskräften und lockeren Arbeitsgesetzen. Mit einem Schuldenerlass, der für Industrieländer gering, für die betroffenen Länder wegen des Wechselkurses allerdings enorme

Wirkung hätte, wäre jede Entwicklungshilfe auf einen Schlag hinfällig. Entwicklungsländern würde die Chance gegeben, sich wirklich zu entwickeln und vom Rohstoffreichtum Ihrer Böden, zum Wohle der eigenen Bevölkerung zu profitieren.

Luis Ignacio Lula da Silva, von 2003 bis 2011, Präsident Brasiliens:

> *»Der Dritte Weltkrieg hat bereits begonnen – ein geräuschloser, aber deshalb nicht weniger unheilvoller Krieg. Es ist ein Krieg gegen den lateinamerikanischen Kontinent und gegen die gesamte Dritte Welt, ein Krieg um die Auslandsschulden. Seine schärfste Waffe ist der Zinssatz, und sie ist tödlicher als die Atombombe.«*

Die Euro-Krise

Ungleichheit lässt sich also auf globaler wie nationaler Ebene beobachten. Europa als gemeinsamer Währungsraum bleibt dabei von den geldsystematischen Tendenzen der Unausgewogenheit (Disparität) ebenfalls nicht verschont. Ganz im Gegenteil: Die Schulden- bzw. Überschuldungskrise in den meisten europäischen Ländern (wobei jeder Staat der Erde ver- oder überschuldet ist) war Anlass, weitere systemische Problematiken innerhalb der Euro-Zone zu beleuchten. Die beschriebene Grundproblematik ist nämlich keinesfalls das Ende der Fahnenstange.

Prof. Dr. Hankel klagte dereinst gegen die sogenannten Euro-"Rettungsschirme". Bereits vor Implementierung des Euro reichte er eine Klage ein, die die Verfassungswidrigkeit der Euro-Einführung darlegte. Prof. Dr. Hankel hat in einfachen Worten ausgedrückt, weshalb die zu rasche Einführung einer gemeinsamen Währung in Europa, abgesehen von den Fehlern eines verzinsten Schuldgeldsystems, zu Verwerfungen führen muss. Seine Worte lauten sinngemäß: Eine Währung ist wie ein Maßanzug. Sie muss speziell an die Volkswirtschaft angepasst werden. Nun gibt es dicke, dünne, große, kleine, breite und schmale Menschen. Genauso gibt es in Europa unterschiedliche Weltsichten, Gesellschaftsformen, Lebensweisen, Mentalitäten oder technologische Entwicklungsstände. Das äußert sich in divergierenden Produktivitäten und Effizienzgrößen. Das hat zur Folge, dass die Leistungsfähigkeit von Volkswirtschaft zu Volkswirtschaft unterschiedlich ist.

Selbst innerhalb Deutschlands und sogar innerhalb der Bundesländer (gar zwischen Regionen) variieren die Lebenseinstellungen und Produktivitätsraten enorm! Um Währungen anzupassen, wird der Mechanismus der Auf- und Abwertung genutzt. Wenn nun auf nationalstaatlicher Ebene eine Volkswirtschaft stärker (größer, produktiver, technologisch effizienter) ist als eine andere, kann das Ungleichgewicht durch den Anpassungsmechanismus der Währung gegenüber dem Ausland ausgeglichen werden. Je schwächer eine Währung, umso günstiger sind ihre Produkte in stärkerer (im Fachjargon härterer) ausländischer Währung. Das hilft also dem Export und bremst den Import, da ausländische Produkte durch die Währungsstärke teurer werden. So war zu D-Mark Zeiten eine D-Mark etwa 1.000 italienische Lira wert. Italienische Produkte waren im Vergleich zu deutschen Produkten günstig, der Urlaub durch den Wechselkurs für jeden erschwinglich. Beide Seiten profitierten durch den flexiblen Mechanismus der Auf- und Abwertung und einigermaßen gerechter Wettbewerb und Handel war gewährleistet.

Das ist heute (Stand 2018) in der Euro-Zone nicht gegeben. Stattdessen versucht man, alle Volkswirtschaften in einen einzigen Anzug zu stecken. Für die einen viel zu groß - für die anderen viel zu klein. Deshalb ist der Euro für die einen zu »schwer« – zu stark – (z.B. Griechenland, Portugal, Italien, usw.) und für die anderen zu »leicht« – zu schwach (Deutschland, Niederlande, Österreich, usw.). Dabei verliert die Bevölkerung beider Seiten und nur wenige - vor allem große exportorientierte Unternehmen - gewinnen.

Am Beispiel Griechenlands erklärt

Das bringt uns zur kritischen Betrachtung eines weiteren Mythos - Länder wie Griechenland könnten nicht zu ihrer ursprünglichen Währung zurückkehren. Unsere grundlegende Ansicht ist, dass wirtschaftliche Entwicklung auf lokaler bzw. nationaler Ebene angestoßen werden muss. Je mehr Einflussnahme von außen ausgeübt wird, umso abhängiger machen gerade starke Industriestaaten, wie Deutschland oder die USA, weniger wirtschaftlich entwickelte Länder (was natürlich häufig genau Sinn und Zweck ist). Daher möchten wir kurz die Konsequenzen einer Wiedereinführung der Drachme aufzeigen.

Als erstes würde dies dazu führen, dass sich die griechische Währung wieder der Leistungsfähigkeit der griechischen Volkswirtschaft anpassen könnte. Sie würde gegenüber dem Euro deutlich abwerten. Griechenland wäre folglich als Standort für Investitionen wieder deutlich attraktiver (da durch den neuen Wechselkurs wesentlich billiger geworden). Es könnte seine Wirtschaft wieder ankurbeln. Es entstünden endlich wieder Arbeitsplätze und die Menschen könnten wieder konsumieren, da die Preise wieder zur volkswirtschaftlichen Stärke passen würden (und somit günstiger wären). Dafür wäre zuerst ein geordneter Staatsbankrott bzw. ein Schuldenschnitt vonnöten, da ansonsten die griechischen Schulden in Euro bestehen blieben. Die Schulden, das haben wir mittlerweile gelernt, können in diesem System ohnehin niemals zurückgezahlt werden. Aber darüber spricht man nicht!

Ganz im Gegenteil! Wird so wunderbar öffentlichkeitswirksam von der „Rettung Griechenlands" (ein weiterer Euphemismus) gesprochen, meint man eigentlich die Rettung deutscher Banken und Versicherer! Warum? Weil viele Banken und Versicherungen in großem Maße in griechische Staatsanleihen (und in die, anderer Länder mit geringer Bonität) investiert haben. Bei sehr geringem Ausfallrisiko winkten relativ hohe Renditen. Wenn also mit unserem Steuergeld »Griechenland gerettet wird« meint man eigentlich, dass mit unserem Steuergeld deutsche Banken und Versicherungen vor der Pleite bewahrt werden. Eine Streichung des Großteils der griechischen Schulden hätte vor allem für diese Großkonzerne entsprechende Verluste (Abschreibungen) zur Konsequenz. Aber so ist das an den Finanzmärkten. Wer investiert und spekuliert, muss mit dem Totalverlust rechnen, denn jedes Prozent mehr Rendite bedeutet ein signifikant höheres Risiko, das eingesetzte Kapital verlieren zu können.

Müssten Banken jedoch einen großen Teil Ihrer spekulativ angelegten »Gelder« abschreiben, könnte es einige von ihnen in den finanziellen Ruin treiben. Eine Möglichkeit, die besonders deshalb gefürchtet ist, da Banken (auch durch den uneingeschränkten innereuropäischen Kapitalverkehr) mittlerweile dermaßen eng miteinander vernetzt sind, dass ein einziger Bankenzusammenbruch zu einer Reihe weiterer Zusammenbrüche führen könnte. Ein Dominoeffekt wäre für die sensiblen Finanzmärkte und damit auch für die davon stark abhängigen Volkswirtschaften fatal und könnte zu einer großen und langen Depression führen. Neben den Ansteckungsgefahren im Interbankenmarkt könnte es zudem für die Refinanzierung der Staaten zu enormen Schwierigkeiten führen. Der berühmte Spruch Frau Merkels:

»Scheitert der Euro, dann scheitert Europa«

ist daher falsch und gibt das völlig falsche Zeichen. Vielmehr das Gegenteil scheint richtig zu sein. Bleibt der Euro, könnte Europa erst recht scheitern.

Ursprünglich war der Euro als ein tolles Projekt der (wirtschaftlichen und politischen) Einigung gedacht. Leider wurden fundamentale Fehler bei seiner Einführung begangen, denn heute schürt die gemeinsame Währung Ressentiments, statt Toleranz zu fördern. Das zeigen die Erfolge populistischer rechtskonservativer Parteien wie der »AfD« oder dem »Front National«. Die enormen Geldmengen, die transferiert und garantiert werden, verkauft man der Bevölkerung als »Rettungspakete«. Man enthält ihr vor, dass es sich um »Rettungspakete« für deutsche Banken und Versicherungen handelt, die sich, von der Geldgier getrieben, schlicht verspekuliert haben! In der Medienlandschaft wird zudem gerne von »Pleite-Staaten« gesprochen. Die arbeitende Bevölkerung trifft aber nicht die geringste Schuld! Sie wurde vom System einfach überrollt. Das ist wichtig zu verstehen, um alten Ressentiments erst gar keine Chance zu geben, erneut aufzuflammen.

Wir sehen also, dass sich zu den geldsystematischen noch ein weiteres systemisches Problem gesellt hat – der Euro. Hier möchten wir gerne Prof. Dr. Senf zitieren. Er hat die immer deutlicher werdenden Entwicklungen in seinem Buch „Der Nebel um das Geld bereits" bereits 1996 vorausgesagt. Die Aussage ist aktueller denn je:

„Wenn wir uns konkret vorstellen, dass die produktivitätsmäßig überlegenen Länder Deutschland, Frankreich, die Beneluxländer, Österreich und Dänemark sich in einer Europäischen Währungsunion mit dem weniger produktiven und in ihrer Entwicklung langsameren Länder wie Spanien, Portugal, Italien und Griechenland befinden, so ist zu erwarten, dass es in den südlichen Ländern zu einem massiven Einbruch der Produktionsstrukturen kommen wird. Um die schlimmsten Folgen davon aufzufangen, wären Unsummen von Transferzahlungen von Mitteleuropa nach Südeuropa erforderlich – und dies zusätzlich zu den innerdeutschen Transferzahlungen von West nach Ost, und zu den Unterstützungen der Reformprozesse und des Aufbaus in den Ländern des ehemaligen Ostblocks. [...] Selbst, wenn es sich um ein politisch vereinigtes Europa handeln wird und die "Südländer" inso-

fern keine Ausländer mehr wären, schützt eine nur politische Vereinigung nicht vor dem Aufbrechen nationalistischer oder ethnischer Konflikte, wie dies am Zerfall Jugoslawiens und der Sowjetunion überdeutlich wird. Derartige Konflikte brechen insbesondere dann auf, wenn sich die ökonomische Krise zuspitzt und eine ethnische Gruppe sich einen deutlich höheren Anteil am Gesamtprodukt gesichert hat als eine andere. Bezogen auf ein vereinigtes Europa hieße das: In den benachteiligten Regionen insbesondere des Südens würden sich sehr bald Pulverfässer von Nationalismus und Extremismus aufbauen, die den Traum vom vereinigten Europa schnell zerstören und in europafeindliche Tendenzen umschlagen können."

Der Gesundheitsaspekt

Je intensiver man sich mit dem herrschenden Geld- und Finanzsystem (bzw. der Wirtschaftsordnung im Allgemeinen) auseinandersetzt, umso deutlicher werden auch brisante Auswirkungen auf unsere Gesundheit und unser Gesundheitssystem. Es ist ein offenes Geheimnis. Viele Menschen vermuten richtigerweise, dass die zunehmenden Krankheitszahlen und Krankheitstypen etwas mit der Entwicklung unseres gesamtwirtschaftlichen Systems zu tun haben. Trivial und ohne Argumente würdigt man die „Opfer" als zu schwach oder zu unmotiviert herab. Sollen sie die Probleme doch lieber bei sich selbst suchen. Der offensichtliche Zusammenhang wird so, wohlwissend um der sozialen Sprengkraft der Erkenntnisse, abgeschmettert. Dieses Kapitel ist deshalb vor allem jenen Menschen gewidmet, die ganz besonders unter zunehmend schwierigen Arbeitsbedingungen der herrschenden Wirtschaftsordnung zu leiden haben - egal ob Arbeitslose, Niedriglöhner, Angestellte, Selbstständige oder Spitzenverdiener.

Im Verlauf des Buches wurden die Ursachen für die exponentielle Verschuldung sowohl von Staat als auch von Unternehmen und privaten Haushalten ausführlich herausgearbeitet. Die so genannte Schuldenfalle oder Schuldenspirale zwingt die Betroffenen in aussichtslose Situationen. Verbindlichkeiten sind monetäre Verpflichtungen gegenüber dem Gläubiger. Um einem Bankrott, der insbesondere in gesellschaftlichen Denkmustern als ein Scheitern verurteilt wird zu entkommen, begibt man sich in das Hamsterrad – die Schuldknechtschaft. Jeder kennt die Faktoren: Wachsender Druck in der Firma und steigende Konkurrenz von außerhalb; durch Computer extrem beschleunigte Arbeitsprozesse; längere Arbeitstage; mehr Arbeit bei weniger Personal und immer kürzere Zeitvorgaben verlangen uns immer mehr Überstunden ab. Das versetzt uns in negativen Stress, raubt uns den Schlaf, die Geduld, die Bewegung und nicht zuletzt das Einzige, das man sich nicht wieder zurückholen kann - die eigene Lebenszeit.

Man bemerkt gar nicht, wie sich das Hamsterrad Tag auf Tag immer schneller und schneller dreht. Schleichende Inflation leistet subtil ihr Übriges, und man wundert sich, weshalb der Schuldenberg nicht kleiner, sondern noch größer wird. Der zweite Präsident der USA (John Adams) fasste diesen Umstand folgendermaßen zusammen:

> *»Es gibt zwei Wege eine Nation zu erobern und zu versklaven. Einerseits durch das Schwert. Andererseits durch Schulden.«*

Für zusätzliche Beschleunigung in Freizeit und Job sorgt der gesamtwirtschaftliche Wachstumszwang, den uns die zunehmende Verschuldung auferlegt. Ohne steigende Effizienz und Produktivität kann Wachstum nicht gewährleistet werden. Unter dem Deckmantel einer fortlaufenden Automatisierung und Mechanisierung von Arbeitsprozessen entwickelt sich ein Kampf zwischen Mensch und Maschine. Zusätzlich wird auch die Konkurrenzsituation unter Kollegen geschürt und ausgenutzt – denn es ist ja jeder ersetzbar.

Einer drastisch steigenden Zahl von Jugendlichen bleibt nichts weiter übrig, als sich in digitale Parallelwelten zu flüchten. Die virtuelle Anonymität erleichtert es, Freundschaften zu knüpfen, ohne sich dabei aus dem Sessel bewegen zu müssen. Der Fernseher suggeriert und transportiert uns dann, nach einem langen Arbeitstag, unerreichbare Welten, die wenigstens für andere erreichbar zu sein scheinen. Professionelles Marketing gaukelt uns zusätzlich vor, ohne Statussymbole sei man kein richtiger Mensch. Die Natur, Sonne und frische Luft verkommen zur belanglosen Realität. Man ist im Hamsterrad gefangen.

Unnötige Arbeit

So nennt Prof. Christian Kreiß einen großen blinden Fleck in der Wirtschaftswissenschaft. Er wird kaum oder gar nicht thematisiert, weil er - obwohl offensichtlich - kaum bekannt zu sein scheint. Eine einzige, einfache und etwas provokante Fragestellung reicht aus, um sich der Thematik zu nähern: »Ginge es uns allen heute nicht besser, wenn einige Banker, statt undurchschaubare Finanzprodukte zu entwickeln, Gemüse und Obst angepflanzt und geerntet hätten?«

Unter dem Begriff »unnötige Arbeit« versteht man Arbeit, die für den Großteil der Menschen (bis auf das angesprochene obere 1 %, für die das Wirtschaftssystem vorteilhafter nicht konstruiert sein könnte) nicht zur Verbesserung der Lebensqualität beiträgt. Häufig ist unnötige Arbeit somit viel mehr Beschäftigungstherapie als tatsächliche Arbeit. Viele Menschen verspüren die eigene Arbeit als sinnlos und wenig erfüllend. Für sie ist es zum Austausch eigner Lebenszeit für bunt bedruckte Scheine verkommen. Sinnlose Arbeit kann jedoch auch volkswirtschaftlich etwas abstrakter betrachtet werden wie folgende Beispiele zeigen:

Unnötige Arbeit kann bereits bei relativ einfachen Produkten bzw. Lebensmitteln, z.B. einer Banane, entstehen. Diese muss zuerst angebaut, gepflegt und dann geerntet werden. Später wird sie nicht selten quer über den gesamten Globus an ihr Ziel geschifft und weiterverteilt, um schließlich an den Endverbraucher verkauft zu werden. Schon bevor dieser aber in den möglichen Genuss kommen könnte, gelangt ein großer Teil erst gar nicht in den Handel. Stichproben riesiger Mengen könnten ergeben haben, dass die getesteten Bananen nicht die korrekte Krümmung besitzen, oder schon zu reif sind. Schafft es die Banane in den Handel, ist es wiederum nicht unwahrscheinlich, dass sie vom Endverbraucher nicht konsumiert wird, weil sie z.B. vergessen wird, eine Druckstelle bekommen hat, etc. Somit war der gesamte Produktionsprozess (die »Wert«schöpfungskette) völlig umsonst. Auf diese Weise werden übrigens mehr als die Hälfte der weltweit produzierten Lebensmittel weggeworfen. Wir stehen einmal mehr vor dem Begriff der Ungleichverteilung.

Global werden genügend Lebensmittel produziert, um die gesamte Menschheit zu versorgen, und trotzdem leiden knapp eine Milliarde Menschen Hunger! Unnötige Arbeit leisten somit jene, deren Produkte nur teilweise oder gar nicht konsumiert werden. Dazu gesellen sich auch Tätigkeiten in großen Verwaltungsapparaten (z.B. Ämtern). Viel zu komplizierte Vorschriften und Regelungen (z.B. absurde Bauvorschriften, Steuerregelungen, Dokumentationspflichten, etc.) erzeugen eine Bürokratiemaschine unnötiger bzw. nicht sinnstiftender Arbeit.

Woher kommt unnötige Arbeit?

Die Ursache finden wir bei uns selbst. Der Hauptgrund unnötiger Arbeit ist Überkonsum. Durch zunehmenden Input an Produktionsfaktoren muss zunehmender Output erzeugt werden, um das Hamsterrad Tag auf Tag am Laufen zu halten. Dementsprechend ist es vor allen Dingen das Marketing, das unnötige Arbeit verkaufen muss. Mittels geschickter Suggestionen schafft man den Bedarf beim Konsumenten dort, wo gar keiner besteht. Werbung ist heute – neben dem Zins – der größte versteckte Kostenfaktor in Produkten und Dienstleistungen. Schließlich sollen Kunden damit auch der Konkurrenz entrissen werden. Wie in einem entfesselten Rüstungskrieg (man denke nur an Saturn: »geiz ist geil« vs. Media Markt: »ich bin doch nicht blöd«) beginnen Unternehmen einen gegenseitigen Marketing-Krieg, um die letzten verbleibenden Ressourcen – uns Konsumenten. Die Kosten solcher Aktionen werden z.B. über Produktpreise, Lohnkosten weniger qualifizierter Arbeitskräfte oder Lieferantenpreise abgewälzt – einer muss die Zeche schließlich bezahlen! Aber schaffen diese Werbemaßnahmen einen Anstieg des allgemeinen Wohlstandes in Form von guter Lebensqualität?

Nein! Die Qualität des Produkts ist nicht besser geworden. Eher wird sie sogar schlechter, wenn Kosten in den genannten Bereichen eingespart werden. Darüber hinaus wurden unsere Gehirne mit cleverer Werbung im Schongang gewaschen und geschleudert. So gesehen sorgt Werbung vielmehr für eine Reduktion des Lebensstandards einer Volkswirtschaft! Unnötige Arbeit verteuert also unser aller Leben!

Darüber hinaus hat unnötige Arbeit aber auch einen negativen psychologischen Aspekt. Je unnötiger die Arbeit ist, die ein Mensch ausführt, umso stärker steigt die Depressionsgefahr. Jemand, der für die Rüstungsindustrie arbeitet, muss seine Arbeitskraft entgegen seiner Natur (Mitgefühl) einsetzen. Das wirkt sich auf die Zufriedenheit im Job aus. In diesem Beispiel ist die negative psychologische Wirkung unnötiger Arbeit sogar noch eklatanter, da das hergestellte Produkt menschen- und umweltfeindlich ist. Es ist deutlich unwahrscheinlicher, dass sich diese Person mit der Arbeit identifizieren kann. Das wirkt sich auf die Motivation aus. Eventuell ist er nicht nur unzufrieden, sondern auch deutlich unproduktiver als ein motivierter Mitarbeiter. Das soll kein Vorwurf an alle sein, die auf solche Jobs angewiesen sind, sondern eine kritische Bestandsaufnahme unserer in vielen Bereichen unmenschlichen Wirtschaftsordnung – die wiederum ihre Ursache im herrschenden Geldsystem hat!

Nur wenige machen wirklich das, was mit ihren Werten, Zielvorstellungen und Lebenseinstellungen übereinstimmt. Die Anfälligkeit, sowohl für psychosomatische Erkrankungen wie Burnout und Depression, als auch für körperliche Erkrankungen, hat sich um ein Vielfaches erhöht. Allein zwischen 2004 und 2010 hat sich die Zahl der Erkrankungen verzehnfacht. Jeder Vierte gilt als gefährdet. Einen großen Teil dieser Entwicklung ist darauf zurückzuführen, dass die meisten Menschen keine Berufe (von Berufung) suchen, sondern Einkommensplätze. Nicht zufällig wird von öffentlichen Stellen ganz passend von Beschäftigung und nicht von Arbeit oder gar dem Beruf gesprochen. Das ist nicht nur zum Schaden des Einzelnen, sondern auch die Unternehmen – also die gesamte Volkswirtschaft – sind betroffen. Ältere packt die Angst vor der Altersarmut, Jüngere zeugen aus finanziellen Gründen immer weniger Kinder. Ein fataler Teufelskreis, der die künftige Finanzierung eines öffentlichen Gesundheits- und Sozialsystems unmöglich macht. Der einzige Ausweg scheint noch mehr zu arbeiten und zu konsumieren. Menschen, die begreifen, dass der Lohn des Arbeitgebers nur eine subtile Art der Entschädigung für die eigene Lebenszeit ist, werden ihre Jobs schnell infrage stellen. Wer verdient vor diesem Hintergrund schon genug?

»Wer selbst kein Ziel hat, arbeitet stets für die Ziele anderer.«

Letztendlich ist der ungleiche Tausch eigener Lebenszeit als quantitativer Faktor nicht der einzige Kritikpunkt. Ein Blick auf die Qualitätsseite offenbart, dass viele Krankenhäuser, Pflegeheime und sogar die Lebensmittelindustrie zu Kürzungen gezwungen sind. Dies ist auch dem verzinsten Schuldgeldsystem anzulasten, denn am Ende des Tages müssen sie rentabel wirtschaften. Die Folgen sind schlechtere medizinische Versorgung sowie weniger Zeit für den Patienten in der Anamnese und während der Behandlung. Auch von Lebensmittelskandalen ist immer wieder zu lesen

(Gammelfleisch-Skandal, EHEC, Vogelgrippe, Dioxin- Skandal, usw.). Während die Gesundheit vieler Mitmenschen geschädigt war, wurde durch zwanghaftes Sparen, oder Einsparungen, versucht, zusätzlichen Gewinn zu erzeugen. In einer sich demografisch verändernden Gesellschaft, mehr Ältere und weniger Geburten, ist das Gesundheitswesen aber besonders gefragt und wichtig. Hier stehen wir vor gewaltigen Herausforderungen.

Nehmen wir an, es fielen sukzessive von unnötiger Arbeit geprägte Arbeitsbereiche weg. Würden in der Konsequenz nicht immer mehr Menschen jene zeitliche Freiheit erlangen, die sie dafür benötigen, sich um das eigentliche Lebensziel Gedanken zu machen und dieses auch verfolgen zu können? Jemand, der seiner Berufung nachgeht, arbeitet nämlich nicht nur mehr und produktiver, sondern tut dies überdies auch gerne. Die treibende Kraft ist nicht Geld, sondern die Selbstverwirklichung! Auch in der Psychologie weiß man, dass extrinsische Motivation (von außen) nicht mit intrinsischer Motivation (von innen) mithalten kann. Die breite Masse verharrt jedoch in einem Job, der sie kaum inspiriert, wenig fordert und schon gar nicht interessiert. Unzufriedenheit ist vorprogrammiert. In diesem Fall steht man bereits am Montagmorgen missmutig gestimmt auf. Der einzige motivierende Faktor scheint die Tag auf Tag steigende Vorfreude auf Freitag und der Gehaltsscheck am Monatsende zu sein. Man arbeitet fünf Tage in der Woche im Tausch für zwei freie Tage fernab des Jobs. Dieses Missverhältnis sollte niemand akzeptieren (müssen).

An dieser Stellschraube zu drehen ist für den Einzelnen jedoch häufig mit sehr großen Hürden verbunden. Für die meisten Menschen scheint ein kompletter Neuanfang einfach mit zu vielen Risiken verbunden zu sein. Die Rahmenbedingungen unserer wirtschaftlichen Funktionsweise sind häufig derart unattraktiv, dass sich nur wenige auf die Suche nach der eigenen Berufung begeben. Für das herrschende System und die sehr kleine davon profitierende Masse ist das der Idealfall. Wir laufen vom Hamsterrad hypnotisiert und eingeschläfert mit, ohne etwas an unserer Situation zu verändern. Auf lange Sicht sind die Folgen für den einzelnen Menschen - wie oben dargestellt - allerdings fatal. Auch deshalb sollte man dringend über eine Wirtschaftsordnung mit anderen Rahmenbedingungen nachdenken.

Sie sollte die Menschen darin begünstigen, ihrem inneren Ruf, der eigenen Berufung als großem sinngebendem Lebensbaustein, zu folgen. Wie wäre eine Gesellschaft zu strukturieren, in der Arbeit nach ihrem sozialen und ökologischen Wert (qualitativer Ansatz) bezahlt würde und nicht nach dem ökonomischen Profit (quantitativer Ansatz)?

Das letzte Kapitel dieses Buches schließt den Kreis der Konsequenzen, die sich aus einem problematischen Geldsystem ergeben. Es nimmt dabei auch Bezug auf den Faktor unnötige Arbeit, der sich z.B. in geplanter Obsoleszenz äußert. Ein in jüngerer Vergangenheit zunehmend in der Öffentlichkeit diskutierter Begriff. Er meint den Produktionsprozess von Produkten des täglichen Gebrauchs, der dafür sorgt, dass sie nach einer gewissen Nutzungsdauer oder Nutzungshäufigkeit kaputt gehen. Da fällig werdende Reparaturarbeiten heute leider teurer als ein neues Gerät sind, schaffen sich die Meisten ein neues Produkt an. Der Konsument wird genau dazu gezwungen. Es ist ein Paradebeispiel für das Diktat eines Wachstumszwangs, der dem Globus und seinen Bewohnern, als Resultat des herrschenden Geldsystems, auferlegt wird. Die Konsequenz: Ungebremste Zerstörung der Ökosphäre.

Das Ökosystem

Inwiefern beeinflussen die Auswirkungen des Geldsystems das Ökosystem? Eine breite öffentliche Diskussion ist, gerade vor dem Hintergrund von Klimaerwärmung und zunehmendem Raubbau an der Natur, wichtiger denn je.

Zuvorderst steht eine selten diskutierte Problematik. Damit Unternehmen im herrschenden System profitabel wirtschaften können, müssen sie dem komplexen System Erde extrem wichtige Ressourcen entreißen. Diese können nur durch höchst energieintensive Recyclingprozesse (höchstens) zum Teil zurückgewonnen werden. Ein entfesseltes, turbokapitalistisches Wirtschaftssystem sorgt in der Folge für verheerende, klimaschädliche Auswirkungen. Das Finanz- und das Ökosystem sind nämlich eng miteinander verknüpft. So versucht die Politik verzweifelt, dem nicht zu bremsenden Schuldenwachstum durch ständiges Wirtschaftswachstum zu begegnen. Dabei läuft sie dem Rad aber auch nur hinterher.

Dazu Dr. Andreas Weber (2010):

> *»Die Kapitalwirtschaft macht Geld zu dem einzigen Medium, das den Gesetzen der Thermodynamik hohlacht: Es wird mit der Zeit nicht immer weniger oder immer schwächer, sondern es vermehrt sich. Der Energiegehalt des Geldes steigt - derjenige der Erde, deren Herzstücke sich das von selbst reproduzierende Geld in einem furiosen Buy-out an sich reißt, aber nicht.«*

In diesem Zusammenhang wird immer wieder das Wort Wettbewerbsfähigkeit bemüht. Wettbewerb richtet sich jedoch stets gegen andere. Gegen wen fordert man also Wettbewerbsfähigkeit? Die Griechen sollen wettbewerbsfähiger werden - aber gegen wen? Gegenüber den anderen, ökonomisch schwächeren Staaten? Oder gleich gegen den Rest der Euro-Zone? Das bedeutet allerdings im Umkehrschluss, dass die anderen Staaten auch wieder wettbewerbsfähiger werden müssen. Irgendeiner steht also immer am Ende dieses Teufelskreises (siehe Abb. 24).

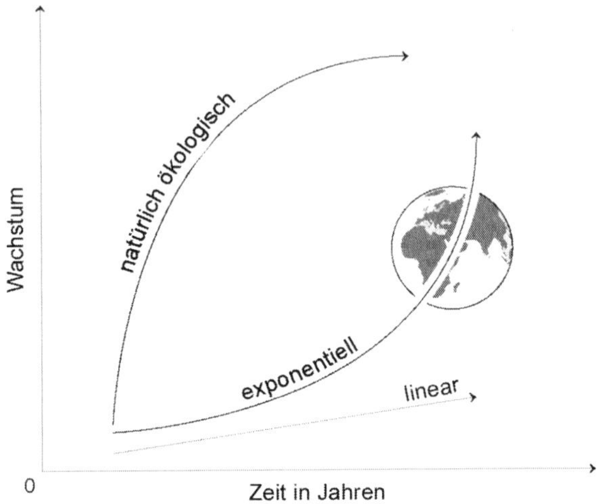

Abbildung 24: Während die Wirtschaft höchstens linear wachsen kann, beschreibt das natürlich ökologische Wachstum einen logarithmischen Verlauf und das krebsartige Zinswachstum einen exponentiellen.

Die Steigerung der Wettbewerbsfähigkeit im Sinne steigenden Wirtschaftswachstums ist also auch kein Heilmittel. Ganz im Gegenteil. Unendliches Wirtschaftswachstum ist auf einer endlichen Welt schlicht und einfach nicht möglich. Der Begriff „peak oil" steht für eine der größten Sorgen der Industrienationen. Er beschreibt das Überschreiten des Maximums der Fördermenge von Öl als wichtigsten Rohstoff der Weltwirtschaft. Schließlich basieren mehr als 90 Prozent aller industriell hergestellten Produkte – und das ist heute praktisch fast alles, selbst Obst und Gemüse – von der Verfügbarkeit von Öl!

Auf diese Problematik hat Dennis Meadows bereits 1972 in einem wegweisenden Werk - auf Basis des Berichts des Club of Rome - hingewiesen. Damals prophezeite er, dass, sollte es die Menschheit nicht innerhalb der nächsten zehn Jahre schaffen eine dramatische Wende einzuleiten, die Rohstoffe unserer Erde noch im 21. Jahrhundert vollständig verbraucht sein werden. Unwiederbringlich, nicht regenerier- oder erneuerbar. Diese Zehn Jahre sind nun seit mehr als 30 Jahren verstrichen und bedauernswerterweise hat sich nichts getan. Nein, schlimmer noch: Wir produzieren mehr denn je. Europa und die USA machen etwa ein Siebtel der Weltbevölkerung aus. Dennoch verbrauchen beide Kontinente über drei Viertel der weltweiten Energie- und Rohstoffvorkommen!

Besonders wichtig ist deshalb einmal mehr eine kritische Betrachtung des eigenen Konsumverhaltens. Schließlich ist ein Großteil unseres Konsums nicht mehr auf die Befriedigung grundlegender Bedürfnisse, sondern auf künstliches Verlangen ausgerichtet. Das dient einzig und allein der Profitmaximierung produzierender Unternehmen. Je mehr man besitzt, umso weniger Zeit hat man, sich damit auch zu beschäftigen. Verzicht kann aber frei und fröhlich machen!

Es braucht dringend ein breites Verständnis dafür, dass in einer endlichen Welt kein unendliches Wirtschaftswachstum möglich ist – schon gar kein exponentielles! Dazu Hugo Godschalk:

> *»Die weltweit überproportional wachsenden Zinsströme, der sich daraus ergebende Zwang zum Wirtschaftswachstum und die damit einhergehende ökologische Katastrophe zwingen uns bereits aus purem Eigeninteresse zum Umdenken.«*

Würden die Menschen im Kollektiv umdenken, wäre Wirtschaftswachstum auch gar nicht zwingend erforderlich. Es existieren Modelle, die sich bereits mit dem Rückbau und einer Umkehrung des Wirtschaftskonzeptes beschäftigen, ohne zu einer großen Depression und Massenarbeitslosigkeit zu führen. Ganz im Gegenteil. Aller Konsum, ob Güter oder Dienstleistungen, beruht ausschließlich auf der Ausbeutung der Natur. Egal was wir konsumieren. Betrachtet man die Herstellungskette, kann man zu 100 Prozent davon ausgehen, dass dabei Ressourcen verbraucht wurden. Das zerstört die Natur und natürliche in sich geschlossene Ökosysteme.

Selbst die so hoch gelobten »alternativen Energien« benötigen für ihre Herstellung Unmengen seltener Erden und anderer Rohstoffe. Außerdem können alternative Energien dann, auf langen Transportwegen und in höchst komplexen »Wert«schöpfungsketten, erst durch enormen Energieverbrauch produziert werden. Ein Widersprich in sich!

Glücklicherweise ist die Natur genügsam. Es ist ein homöostatisches System. Es hält sich selbst im Gleichgewicht und heilt sich auf lange Sicht immer selbst. Doch genau dieser Faktor könnte uns eine harte Lektion lehren. Je weiter wir die Natur nämlich aus dem Gleichgewicht bringen, umso stärker wird der Ausschlag auf der Gegenseite sein. Sie wird wie eine Schaukel reagieren, die sich langsam wieder in die Mitte und zur Ruhe „wippt". Doch genau diese Fallhöhe, und den darauf folgenden Gegenschlag, heben wir mit unserer Art und Weise zu Wirtschaften immer weiter an. Die Ausreißer sind bereits heute für jeden erfahrbar - das Klima wird Tag auf Tag unberechenbarer. Machen wir so weiter, wird die Natur zu einem Gegenschlag ausholen, der uns - wie einen lästigen Parasiten - mit vollem Karacho von diesem Planeten fegt! Das sollte übrigens auch die weltlenkende Hochfinanz nachdenklich stimmen. Selbst wenn sie in der Lage sein sollte, sich durch mächtige Festungen der Apokalypse zu entziehen. Wer soll sie im Anschluss ernähren und die harte Arbeit erledigen?

Es ist mehr als offensichtlich und dennoch können und wollen es viele Menschen nicht wahrhaben. Wir selbst, wir mit unserem Verhalten, bestimmen die Rahmenbedingungen der Wirtschaftsordnung. Nur solange wir in diesem System mitspielen, kann es auf diese Weise fortbestehen. Wir müssen uns also alle an die eigene Nase fassen! Als kleiner Selbsttest reichen einige wenige Fragen. Wer hat nicht schon einmal...

> ...einen neuen Fernseher oder Computer gekauft, obwohl der alte noch funktionstüchtig war?
> ...ein neues Auto gekauft, obwohl das alte noch tapfer lief?
> ...ein neues Handy gekauft oder geschenkt bekommen, obwohl der Vorgänger gar keine Macken hatte?

Es ist beeindruckend, dass bereits diese drei Produkte ausreichen, um nahezu jedem Menschen mindestens ein Ja zu entlocken! Doch wer hinterfragt diesen Umstand bei sich schon wirklich ehrlich?

Wie heißt es doch so schön:

»Weniger ist mehr!«

Die Geldschöpfung durch Kreditvergabe ist zwar die wesentliche Grundlage für ökologische und soziale Katastrophen, da sie (durch Zins und Zinseszins) eine enorme Beschleunigung hervorruft, doch die Fäden diesen Mechanismus auszubremsen halten wir selbst in der Hand!

Ende oder Neuanfang?

Die Geschichte zeigt, dass kein Land der Erde, das Geld oder ein gelddähnliches Tauschmittelsystem eingeführt hat, ohne Kriege und Währungsreformen ausgekommen ist. Wir haben die beiden Hauptproblematiken, die Geldschöpfung und den Zins- und Zinseszins-Mechanismus, mit vielen Facetten problematischer Konsequenzen als tiefere Ursachen der Finanz- und Schuldenkrise herausgearbeitet. Die Gebrüder Rothschild sagten dereinst:

> *»Die Wenigen, die das System verstehen, werden dermaßen an seinen Profiten interessiert oder so abhängig von seinen Vorzügen sein, dass aus ihren Reihen niemals eine Opposition hervorgehen wird. Die große Masse der Leute aber, geistig unfähig zu begreifen, wird seine Last ohne Murren tragen, vielleicht sogar ohne je Verdacht zu schöpfen, dass das System ihnen feindlich ist.«*

In der Staatsschuldenkrise täuscht man uns über die essentiellste aller Informationen hinweg:

Geld, das ausschließlich durch mit Zins belasteter Kreditaufnahme entsteht, ist niemals in der Lage, Schulden zurückzuzahlen. Deshalb ist im Gesamtsystem die Rückzahlung von Schulden schlichtweg unmöglich!

Im Laufe dieser Lektüre kann man die problematischen Hintergründe unseres Geldsystems erkennen. Das schärft den Blick auf das Finanzsystem. Man kann sich gewiss sein, dass man nun deutlich mehr über das System weiß, als studierte Wirtschaftswissenschaftler! Wir sprechen hier aus eigener Erfahrung. In der Retrospektive können wir, als studierte Volkswirtschaftler, auch bestätigen, dass gerade Wirtschaftsstudenten auf Konkurrenzdenken getrimmt werden. Sie sollen möglichst keine grundsätzlichen Fragen stellen und die Zusammenhänge gar nicht erst nicht erkennen. Schließlich ist unser Wirtschaftssystem auf Wettbewerb und Konkurrenz ausgelegt. Es zählt das Gegeneinander, nicht das Miteinander. Des einen Schulden sind des anderen Guthaben. Dabei sollten Neugier und Hilfsbereitschaft die Wirtschaft wiederbeleben und nicht die Sucht nach immer mehr Geld.

Kritisches Hinterfragen ist daher wichtiger denn je. Jeder sollte sich sein eigenes Weltbild machen! Das beginnt mit einem Blick auf das eigene Leben und den Lebensstil, den man pflegt. Stimmt die finanzielle Situation mit dem eigenen Konsumverhalten überein? Oder ist man Konsument aus Leidenschaft und muss, für die künstlichen, vom Marketing geschaffenen, Verlangen zusätzlich arbeiten? Ist man zufrieden und glücklich? Arbeitet man zu viel und macht die Arbeit wirklich Freude? Verfügt man über genügend Frei- und Lebenszeit? Nein? Dann sollte man das schleunigst ändern!

Es waren und sind immer die wagemutigen Träumer, die die Welt verändern!

Häufig braucht es dafür eine Starthilfe. So war es auch bei uns. Und genau darauf fokussieren wir uns in unserem zweiten Buch »Der Hamster verlässt das Rad – Der Weg zur finanziellen Freiheit und Autarkie«. Dort finden sich die Protagonisten Rainer und Totala Zufall, Andy Arbeit und Karl Kulation wieder. Da die Zufalls das Hamsterrad satt haben, entschließen sie sich, es für immer zu verlassen. Wir begleiten sie auf ihrem Weg und zeigen praxisorientierte und langfristige Wege auf, nicht länger, Tag auf Tag, als rastloser Hamster im System mitlaufen zu müssen. Dafür lernt man zunächst das herrschende System für sich zu nutzen, um finanzielle Freiheit zu erlangen. Am Ende kann man dann sogar das Streben nach reinem Besitz hinter sich lassen und wahre geistige und materielle Autarkie erreichen.

Darüber hinaus haben wir mittlerweile eine ganze Reihe an Ratgebern im Finanzbereich und anknüpfenden Bereichen veröffentlicht. Der Fokus unserer Bücher liegt auf Umsetzbarkeit, Kompaktheit und Authentizität.

»Der Weltfrieden kann auf Dauer nur auf sozialer Gerechtigkeit aufgebaut werden.«

(Präambel der Verfassung der ILO)

Konntest Du etwas lernen?

Wenn Du irgendetwas aus diesem Buch mitnehmen konntest, würden wir Dich bitten, uns ebenfalls einen Gefallen zu tun: Entweder, indem Du das Buch weiterempfiehlst, ein paar Exemplare verschenkst oder eine kurze Bewertung auf Amazon hinterlässt.

Eine Bewertung auf Amazon oder Thalia zu hinterlassen dauert nur ein paar Sekunden und kann auf der Produktseite des Buchs, mit Klick auf die Sterne, eingestellt werden:

Kundenrezension verfassen

https://amzn.to/2SHKSLK

Wir lesen wirklich jede Bewertung und jedes Feedback. Das hilft uns enorm dabei, unsere Bücher stetig zu verbessern. Daher wären wir Dir sehr dankbar, wenn Du dieses Buch offen und ehrlich bewertest.

Darüber hinaus kannst Du uns jeder Zeit unter info@klhe.de *erreichen.*
Vielen herzlichen Dank für Deine Unterstützung!

Verzeichnis der Quellen und weiterführende Literatur

1) Oxfam Briefing Paper, „Public Good or Private Wealth?", Januar 2019

2) Oxfam Briefing Paper, „Reward Work, not Wealth", Januar 2018

3) Oxfam Briefing Paper, „An Economy for the 99%", Januar 2017

4) Oxfam Briefing Paper, „An Economy for the 1 %", Januar 2016.

5) Oxfam Issue Briefing, „Wealth: Having it all and wanting more", Januar 2015.

6) Deutsche Bundesbank, „Geld und Geldpolitik", Frühjahr 2015

7) Thomas Lautz: Steinreich in der Südsee. Traditionelle Zahlungsmittel in Mikronesien, 1999.

8) Credit Suisse: „Global Wealth Report 2018", 2018.

9) Alan Greenspan, „Gold and Economic Freedom", 1966.

10) Irving Fisher, „100%-Money", 1935.

11) Barry J. Eichengreen; Michael D. Bordo, „A Retrospective on the Bretton Woods System : Lessons for International Monetary Reform", 1993.

12) Deutsche Bundesbank, „1973: Das Ende von Bretton Woods Als die Kurse schwanken lernten „, Bundesbank Magazin 4/2013.

13) Bernd Senf, „Der Nebel um das Geld", 1998.

14) Federal Reserve Bank of Chicago, „Modern Money Mechanics", 2011.

15) Bank of England, „Money Creation in the modern economy", Quarterly Bulletin 2014 Q1.

16) Bernd Senf, „Die blinden Flecken der Ökonomie", 2001.

17) Bernd Senf, „Der Tanz um den Gewinn", 2005.

18) Europäische Union, „Amtsblatt der Europäischen Union L 91/3", 2014.

19) Helmut Creutz, „Das Geld-Syndrom – Wege zu einer krisenfreien Wirtschaftsordnung", 2003.

20) Silvio Gesell, „Die natürliche Wirtschaftsordnung", 1916.

21) Otmar Issing, „Der Zins und sein moralischer Schatten", 1993.

22) Prof. Dr .phil. Dr. rer .pol. Wolfgang Berger, „Geld regiert die Welt – Warum eigentlich?", 2005.

23) Einige statistische Werte *http://www.statista.de/*.

24) Laurence J. Kotlikoff, „America's Fiscal Insolvency and Its Generational Consequences", 2015

25) Stiftung Marktwirtschaft, „Ehrbare Staaten? Update 2017", 2017
26) Federal Reserve Statistical Release, „Z.1 Financial Accounts of the United States", 2018
27) Maurizio Lazzarato, „Die Fabrik des verschuldeten Menschen", 2012.
28) Prof. Dr. Max Otte, „Der Crash kommt", 2009.
29) Helmut Creutz, „Die 29 Irrtümer rund ums Geld", 2008.
30) Zeitschrift für Sozialökonomie, Folgen 170-175, 2011-2012.
31) G. Edward Griffin, „Die Kreatur von Jekyll Island - die US-Notenbank Federal Reserve", 2006.
32) Silvio Gesell, „Reichtum und Armut gehören nicht in einen geordneten Staat", 2012.
33) Europäische Zentralbank *http://www.ecb.europa.eu/*.
34) Federal Reserve Bank *http://www.federalreserve.gov/*.
35) Dennis Meadows, „Grenzen des Wachstums", 1972.
36) Dr. Hans Werner Sinn, „Gefangen im Euro", 2014.
37) C. Klein & J. Helbig *https://www.finanzyogi.des/* .

Weitere Titel von KLHE finance

168 Seiten
ISBN 978-3-947061-85-3
Auch als Hörbuch und Hardcover erhältlich

Ein verständlicher, solider Einstieg in die Welt der Aktien. Lerne anhand konkreter Strategien, ein Vermögen aufzubauen. Inklusive Dividendenchampions!

180 Seiten
ISBN 978-3-947061-88-4
Auch als eBook und Hardcover erhältlich

Investieren ohne Raubbau an der Natur oder Waffengeschäfte? Ganz ohne Verzicht auf Rendite? Ökoethinvesting!

152 Seiten
ISBN 978-3-947061-86-0
Auch als eBook und Hardcover erhältlich

Endlich leben ohne Bankberater?
Jetzt (auch als Anfänger) intelligent und erfolgreich in ETFs investieren und im Faulbär-Modus vermögend werden.

152 Seiten
ISBN 978-3-947061-87-7
Auch als Hörbuch und Hardcover erhältlich

Verstehe die Blockchain-Technologie und lerne, strategisch in Kryptowährungen zu investieren. Werde fit für die Kryptowelt von morgen!

Bücher unter: *www.KLHE.de*, im Buchhandel, Audible und Amazon

168 Seiten
ISBN 978-3-947061-83-9
Auch als Hörbuch und Hardcover erhältlich

Mache Dich jetzt mit uns auf die Reise und pflanze einen Geldbaum, der im Laufe der Jahre immer größere und saftigere Früchte abwerfen könnte.

132 Seiten
ISBN 978-3-947061-81-5
Auch als Hörbuch und Hardcover erhältlich

Familie Zufall beschließt, endlich aus dem Hamsterrad auszubrechen. Mithilfe der Strateie von Karl Kulation gelingt ihnen die Flucht aus der Tretmühle.

120 Seiten
ISBN 978-3-947061-82-2
Auch als eBook und Hörbuch erhältlich

Der letzte Sparratgeber, den Du jemals lesen wirst. Funktioniert sogar, selbst wenn Du wenig verdienst!

216 Seiten
ISBN 978-3-947061-84-6
Auch als eBook und Hörbuch erhältlich

Eine einzigartige Schritt-für-Schritt Anleitung zu finanzieller Freiheit und sicherem Vermögensaufbau durch passives Einkommen.

KLHE *finance*

Printed in Poland
by Amazon Fulfillment
Poland Sp. z o.o., Wrocław

92125316R00085